百貨店とは

ABOUT THE 'HYAKKATEN'

飛田健彦
TAKEHIKO HIDA

国書刊行会

はじめに

明治三十七年（一九〇四）十二月六日、三越呉服店が「デパートメントストア宣言」をして日本で最初の百貨店営業を始めてから、平成十六年（二〇〇四）十二月六日で、ちょうど一世紀が過ぎたことになります。すなわち日本に百貨店という業態が誕生してから百年の歴史が重ねられたということです。もちろん、百貨店化する前から数えれば、数百年の歴史を持つ企業も少なくありません。いったい日本の百貨店は、どうして百年間も繁栄を享受し、人々に愛され信頼され続けてきたのでしょうか。その背景には、営業開始以来、百貨店という小売業態が、当時の日本において、最大の顧客志向の業態であったことや、明治政府が推し進めた文明開化路線に沿ったものであったこと、舶来文化の最先端をいく、上流階級を象徴する人々の憧れの場所であったことも無縁ではないでしょう。しかし、それだけのことで百貨店が、これほど愛され信頼されて長く続くことができるものなのでしょうか。日本の百貨店は、欧米の百貨店を模倣して始まっていますが、その一方で、独自の発展を遂げてきたともいわれています。欧米の百貨店を真似して始めたはずなのに、なぜ日本の百貨店だけが違った方向に進みだしてしまったのでしょうか。その理由と原因がどこにあるのか、本書では、そのあたりのことを探りながら、日本における百貨店の歴史をたどってみたいと思います。

百貨店とは　目次

第三部　百貨店の今後のために　279

第一部　百貨店の歴史と信頼性の秘密

第一章　百貨店の誕生

一　百貨店の誕生

世界で最初の百貨店は、フランスのパリにある「ボン・マルシェ」であるといわれています。百貨店という業態の発明者アリスティッドとマルグリットのブシコー夫妻は、一八五二年にパリの「マガザン・ド・ヌヴォテ（流行品店）」である「ボン・マルシェ（「安い」という意味）」の権利の半分を買い取り、実質上の経営者になりました。「マガザン・ド・ヌヴォテ」は当時の新しいタイプの商店で、「ヌヴォテ」つまり女物の布地などの流行品を販売する衣料品店でした。今日では一般的な小売技術になっていますが、すでに一部の店では「入店自由」「定価明示」「現金販売」「返品可」などの販売方法が採用されておりました。

ブシコー夫妻はこれをさらに徹底させたほかに、「薄利多売」方式も強力に推し進めていったのです。ブシコー夫妻の行った経営方法は、大きく分けて次の四点に絞られます。

①目標を、高いマークアップ（値入れ率）の代わりに高い在庫回転においたこと
②価格を明示し、値切りをなくしたこと
③店に自由に出入りできて、買わないでもよく、また、買わない理由を言う必要をなくしたこと
④顧客に商品交換または返品の自由を与え、店は自店の商品に対して一定の責任を持つようにしたこと

これによりブシコー夫妻の店は大成功を収め、次々と取り扱う商品系列の拡大を求められました。そしてその結果、個々の商品は適当な「部門（デパートメント）」に分類・分離するという形で取り揃えられていったのです。こうしてブシコー夫妻は、生地に加えて婦人服、下着、帽子、靴といった品揃えの拡大を図り、同一店舗内で各種の商品を部門別に管理する「百貨店」という新しい営業形態にたどりつき、一八六〇年頃には、ほぼ、完成し

ていたといわれています。そして一八六三年には「ボン・マルシェ」の残り半分の権利をすべて買い取り、一八七二年に「グラン・マガザン（「大きな店」という意味）」といわれるボン・マルシェの新館オープンと同時に、自ら創案した「百貨店商法」を大々的に実行に移したのです。ブシコー夫妻のやり方は、ごく短期間のうちにパリ中のライバル小売店の模倣を招きました。一八五五年に創業された「ルーブル」も同じ原理で経営され、家具・金物など家庭用品やその他の商品にまで品揃えを拡大していきました。こういった成功例に刺激されて、フランスでは一八六五年に「プランタン」が、一八六九年には「サマリテーヌ」が創業されています。

イギリスにおいては「ホワイトレー」が一八六三年にロンドンに創業され、一八九〇年前後に、実際上の百貨店の性格を持つようになりました。その後、一九〇七年に「ハロッズ」が、また一九〇九年に「セルフリッジ」がロンドンに創業されています。

そのほかドイツやデンマークでは一八八〇年代に、ベルギー、オランダ、スイスなどには一八九〇年代に百貨店が出現しています。カナダのトロントでも、一八六九年に衣料品店を買収した「イートン」が、一八八〇年代には百貨店化しています。

ところで、日本の百貨店が模倣したというアメリカでの百貨店誕生の動きはどうであったのでしょうか。フランスにおいて百貨店が全盛を極めると、この方式をそっくり導入して真似したのがアメリカの小売商達であったといわれています。当時すでに、生地・衣服の専門店として「ロード・アンド・テーラー」（一八二六年）、「ジョーダン・マーシュ」（一八四一年）、「ラザラス」（一八五〇年）、「マンデル」（一八五五年）、「メーシー」（一八五八年）、「ワナメーカー」（一八六一年）、「マーシャル・フィールド」（一八六六年）などが設立されていましたが、百貨店への転化が比較的早かったのは、ニューヨークに一八二三年創業の「A・T・スチュアート」や、フィラデルフィアの「ワナメーカー」、シカゴの「マーシャル・フィールド」などで、一八七〇年代には百貨店としての業容を整えています。それはアメリカにおいて、百貨店が生まれるべき土壌がすでに醸成されていたからでした。

アメリカにおいては、一八五〇年代から一八六〇年代の初頭にかけて、近代的百貨店へと進歩する前の先駆的な形態として、幾つかの「部門化ストア（Departmentalized Store）」が誕生しておりました。その代表的な店が「ジョーダン・マーシュ」と「A・T・スチュワート」です。これらの先駆的な形態は、「織物雑貨品店（Dry goods store）」から自然発生的に生まれてきたもので、これが土台となってアメリカの百貨店は誕生していくのです。「A・T・スチュワート」は、一八四八年にニューヨークに豪華な織物雑貨品店をオープンし、一八六二年、この店が手狭になったことから、ブロードウェイの九番街と十番街に八階建ての、豪華で開放的で入りやすい店舗を建設オープンいたします。これがアメリカ小売史上、最初の百貨店の姿といわれているものです。壮大で伝統的優雅さを持つこの建物に、上層階に行くのを容易にするためのエレベーターが設置されるのには、さほど時間がかかりませんでした。ちなみにエレベーターは、アメリカ人のE・G・オーティスが発明したもので、一八三三年にホテルで行った実験に基づいて一八五四年に安全装置を発明し、一八五〇年代以降にホテルや百貨店に導入されるようになりました。そして一八八九年に電動エレベーターが登場すると、メーシー百貨店やジョン・ワナメーカー百貨店が採用し、一九〇〇年代初期には、ヨーロッパの百貨店や日本の百貨店にも使用されるようになりました。

アメリカにおける「部門化ストア」の誕生には、この時代のアメリカ小売業界における競争の激化が挙げられます。競争の激化に伴って商品一個当たりのマージンが低下した織物雑貨品店の経営者達は、必要に迫られて婦人服地類、小間物類、その他自店に関連性のある種々の商品を取り扱うようになりました。この、一店舗でたくさんの種類の商品を扱うようになったことが、経営管理上の面で、その経営を「部門化」するという方法を産み出させたのです。このほかアメリカにおいて百貨店が成功し、人々に受け入れられていったその他の要因を挙げていくとすると、その時代性が幸いしたことも否定できません。もし、五十年早く百貨店技術が開発されていたとしたら、それが成功したかどうかは疑わしいのです。理由は、アメリカの経済が、百貨店を受け入れるだけの準備ができていなかったからでした。百貨店はそれを支えるに足るだけの十分な大きさを持った人口の中心に立地することが必要です。したがって、「都市人口の増加」は、百貨店誕生の重要な条件であったのです。これに直接関連するもう一つの要素は、買物客が拡大した都市の周辺地区からでも容易に来店するための「公共交通機関」の発達でした。十九世紀後半まで、アメリカの都会に公共交通機関は出現していませんでした。したがって自家用馬車を持つ富裕層を除いて、当時の一般の人々は、歩いて行ける距離の範囲でしか買物ができなかったのです。そこに乗合馬車が登場し、続いて軌道上を走る鉄道馬車が、そしてトロリーバス、電車、郊外鉄道と続き、最後に地下鉄が登場することによって人々の百貨店に行くことは容易になり、百貨店の拡大と発展の歴史において、こういった公共交通機関の果たした役割は、見過ごすことのできない大きな要素の一つとなりました。

こういった外部的要因に加えて、内部的要因としては、消費者の欲望を刺激するための

「広告」の積極的な、そして効果的な活用が挙げられると思います。十九世紀における都市郊外への発達が路面鉄道と切り離せないように、広い地域から多くの客を集めなければならない百貨店にとって、広告の活用は重要な要素となりました。十九世紀の後半、新聞に課せられていた税金が撤廃され、安い日刊新聞が発行される大衆ジャーナリズムの時代が始まると、新聞紙上に広告を掲載することが各方面から起こります。世界百貨店史上、最初の全面新聞広告は、アメリカにおいて、南北戦争とほぼ同時期の一八六五年に「ワナメーカー」が行った「マネー・バック（払い戻し）」保証広告であるといわれています。

「ぴったりと身体に合わないもの、希望する品質や色でなく家族に喜んでもらえないもの、あるいはどんな理由があったにせよ完全にお客様を満足させないような品物は直ちに返品してください。品物が十日以内に買われたものであれば当店は全額払い戻しをいたします。当店の行っているすべての販売活動は、商品を価値相当の値段で販売することをいつも意図しております。ご自分で買った品物に満足が得られない場合、積極的に返品していただければ当店は払い戻しをいたします」（「ワナメーカー」の広告・「グレート・マーチャント」一九ページより）

フランスでは、「ルーブル」が一八六七年一月二十八日に家庭用品で、同年三月十八日に

「ボン・マルシェ」が洋服で、イギリスでは一九〇九年に「セルフリッジ」が全面新聞広告を出しています。これを見習って他の百貨店も新聞広告を掲載するようになりましたから、大都市の日刊新聞は百貨店の広告によって大きな利益を得るようになりました。したがって近代的な百貨店の誕生と新聞広告の発達は、同時代現象であったとも言えるのです。そして「デパートメントストア」という言葉が活字化されたのは、一八八七年、アメリカの「H・H・ヘインズ・デパートメント・ストア」の広告からだといわれていますから、この頃のアメリカにおいてはすでにこの言葉が一般化されていたものと考えられます。こうして見てみると、十九世紀後半は、商品としての生活必需品が登場し、次に、これを売るための百貨店が発明され、そしてそれを売るための近代広告が形成された時代であったと言えるのです。

百貨店という名前

さて、こういった百貨店誕生までの世界の歩みを知ったうえで、日本における百貨店の誕生と発展の歴史について考えていってみたいと思います。「百貨店」が米語の「デパートメントストア」のことであることは誰もが知っている事実です。しかし、初めから「百貨店」という言葉が日本で使われていたわけではなく、最初は「部門営業店」「小売大店舗」「小売大商店」「百貨商店」などという言葉が使われておりました。そして明治四十二年（一九〇九）を過ぎてから、雑誌『実業界』に当時の主幹・桑谷定逸が「百貨店」という言葉を使いだし、その後、この営業形態が日本人になじみを持つようになるにつれて、「デパートメントストア」イコール「百貨店」となっていったのです。

この「デパートメントストア」という言葉が生まれたのは、正確には十九世紀のアメリカにおいてです。そして日本で「百貨店」と呼ばれている営業形態は、アメリカでは「デパートメントストア」、イギリスでは「ビッグストア」、フランスでは「グランマガザン（大規模店）」、ドイツでは「ワーレンハウス（商品館）」と言われているものです。一般にそれは、日常生活品を中心とする多くの種類の商品を取り扱い、しかもプロモーション・サービスの向上、会計および経営管理の合理化などのためにその経営組織を部門化し、かつそれらの多数の部門が一つの全体として総合的に管理され運営される大規模小売業経営であると定義されています。さらに高度の人的サービスが、店舗内各部門の広範囲の商品と結びついていることも顕著な特徴と言えます。したがって、そのような「デパートメントストア」

の定義から見るならば、「百貨店」という日本の言い方は必ずしも正確ではありません。おそらく日本に「百貨店」という用語が定着した一番の理由は、明治二十年頃から三十年代にかけて欧米を視察した日本人の多くが、多種類の商品を扱って隆昌を極めている「デパートメントストア」を見て、直観的に「百貨万般を取り扱っている店」すなわち「百貨店」という語呂の良さを選んだからではないかといわれています。

百貨店の条件と特徴

それでは、百貨店とはどういう性格の、どういう内容を持った店のことを言うのでしょうか？　いわゆる百貨店法とか大規模小売店舗法とかいわれている法律上の要件ではなくて、人々が抱いている一般的なイメージによる百貨店の姿です。

人によって百貨店のイメージはさまざまですが、例えば、「あらゆる方面の商品を一個所に集めて売っている店」とか、「ワンストップ・ショッピングのできる店」とか、「高級・高品質の商品を適正価格で売る店」とか、「都会的ライフスタイルを提案してくれる店」とか、さまざまなイメージが列挙されるはずです。このことは、百貨店の営業活動が多岐にわたっていて、それを体験した人によってさまざまな幅広いイメージを産み出す存在であることを示しています。そこで、世界に共通した百貨店商法の特色を探してみますと、次の五項目が入っていることがわかります。それは、順番は別として「入店の自由」「定価販売」「現金販売」「返品の自由」「薄利多売」という五項目です。これを別の言い方で表現すれば、「価格・品質に対し信頼できる買物が一つ屋根の下で気楽にできる店」ということもできます。

さて、百貨店には小売業としての独自の特徴がいくつかあります。その一つは、百貨店に行けば何でも揃うという商品面での「総合性」です。総合性にはサービスも含まれ、百貨店はワンストップ・ショッピングの場であるという特徴があります。ただ最近では、総合スーパーの商品・サービスの取り扱い幅も大幅に拡大し、百貨店との間に、大した差がないようになってきたのも事実です。とはいえ高級宝飾品やインポート・ブランド、有名ナショナル・ブランド、呉服、食品名店街といった商品分野は、依然として百貨店独自のものとして展開されています。

百貨店の特徴の二つ目は、主として商品政策面での「高級性」と「高品質性」です。百貨店と他の小売業との違いは、「高級品」すなわち「高品質で高感度な商品」を「適正価格で販売」するところにあります。

三つ目の特徴は「都市」との関係です。地域の中心的機能を果たす、ある一定規模以上の都市の繁華街には、必ずといってよいほど百貨店が存在します。このことは、「都市の発展」と「百貨店の存在」とは切っても切れない関係にある、ということを示しています。すなわち、近代都市が「百貨店の誕生」を促し、百貨店の発展が「都市の賑わいづくり」につながっているということです。百貨店は、高級化粧品から世界の有名ブランド商品や、流行の先端を走るトレンド商品を並べて、ウィンドー・ショッピングだけでも楽しめるようにして、「都会的ライフスタイルの普及」に貢献しているのです。

百貨店はなぜ市民生活に定着したのか？

これまでのところで、百貨店が「こんなものである」という大体のイメージは摑めたと思います。そこであらためて皆さまに、「三越・松坂屋・大丸・高島屋・伊勢丹」という名前を聞いたら「何を思い浮かべますか？」と聞いたとしたら、誰もが「百貨店」とお答えになると思います。そこで考えてみていただきたいのですが、それでは、こういった名前がなぜ、百貨店の名前として、これほどまでに我々の生活に定着しているのでしょうか？

その答えとして私は、日本で最初に百貨店となった三越呉服店が、大変立派に振る舞われたからだと考えております。三越呉服店は、日本で一番最初に百貨店となり、鉄筋コンクリートの大きな建物を建てて、商品をガラスケースにたくさん並べて、誰もが自由気ままに買物できるようにいたしました。人々は百貨店とはどんなものかと興味津々で見に行きました。行ってみると、とても見やすくて買いやすい。そういうわけで非常に好評を博し、その結果お客様はどんどん三越に行くようになりました。当時、百貨店は全く新しい業態でしたから、三越呉服店も店の信用ということを一番大切に考えて、「百貨店のイメージ確立」ということにものすごい努力をいたしました。

経営責任者の日比翁助専務（社長空席）が最初に取り組んだことは「有名人の顧客化」でした。宮様をはじめとする皇室関係者から、時の英雄・東郷元帥とまで懇意になって、海軍・陸軍・官公庁の上層部を得意先として開拓したのです。そしてそれをＰＲすることによって、三越に「プレステージ」のイメージを加えていったのです。要するに、「これだけ偉い人達がひいきにしているすごい店なのだぞ」というふうに世間に認知させていったということです。同時に、美術家・文士・書家などとも懇意になって、「書の会」とか「新画の会」とか「陶器の会」といった「文化催事」を催して、新しい「芸術文化」の紹介をいたしました。それによって世間では、「文化教養のことなら三越に行け」ということになりました。さらに、「流行の魁は芸者にあり」ということで、日比は毎晩、柳橋から芳町、日本橋、新橋、赤坂の待合を全部廻って、これはと思う売れっ子芸者をつかまえては「帯をつくってやろう」と言って、宣伝費でその芸者に三越製の最新の帯を贈って締めさせたのです。当然、花柳界で三越の話題が出ない日はなく、流行の発信元である花柳界を押さえることに成功した三越は、見込みどおり世間の話題の中心となっていったのです。

こういうふうに、日本で最初の百貨店となった三越呉服店は、芸者や役者、その他の芸人をはじめ、社会の各方面の有名人を利用してＰＲをし、プレステージのイメージづくりを進めていったわけです。

また内部的には、「百貨店のイメージを左右するのは店員である」という信念で、店員の教育に猛烈に力を入れました。「三越の店員は、ただ二つの目を光らすのみでは駄目であって、五つも六つもの目を働かさなければいけない。例えば、自分の前のお客様にはインギンに応対していても、後ろのお客様の足を踏むようでは駄目のダメなのだ」といって、「後ろにも目があるように、少しも粗忽のないよう、心の目を働かせて、一心不乱に、お客様大事に努めるようにせよ」とか、「お客様本位というのは、お客様大明神のことであって、お客様の〝御無理〟を〝御道理〟とすることにある」というように、お客様本位のサービス精神をビシビシと店員に叩き込んでいったのです。

お客様の苦情に対しても「誠心誠意」対応いたしました。たった一個所でも背広の上着の具合が悪いと言われれば、「店の名折れになる」といって店員を直ちに伺わせて、具合の悪い上着だけでなく、背広上下全部を作り直してお届けしたということです。このように三越は、百貨店としてのイメージづくりにはお客様からの信頼の確立が何より大切であると考えていましたから、取引先との信用にも大変気を使っていました。あるとき、不慣れな店員の勘違いから、真珠十個の値段と一個の値段とを間違え、一個の真珠を十個の値段で引き取るというふうに受け取れる返事を出してしまいました。取引先は大いに喜んで待っていましたが、送金されてきた金額は正規の値段であったので、「約束が違う」と三越に抗議をしたわけです。取引先の言い分どおりに支払えば三越としては大損ですから、仕入主任は事情を説明して取引先に了解をとろうといたしました。それを知った日比専務は、「三越として一旦返事をした以上は、その返事は千金にも代え難い。最初に言ってやったとおり、一個を十個の値段で引き取るように」と指示をいたしました。そして、不慣れな店員の勘違いによる書状の誤りであっても、「三越として返事を出した以上、たとえ損をしても、約束を守るのが三越のやり方である」と言って、損を出すことを承知の上で約束を守らせたのです。

このように、日本で最初の百貨店営業を始めた三越呉服店の大変な努力の積み重ねの結果、「百貨店は信頼できる店」であるということが世間に知れ渡って、それ以後、「大きな建物で、ショーウィンドーがあって、中に入ればガラスのショーケースに商品がたくさん並び、値札が付けてある三越に似た店」が現れると、人々はその形だけを見て、「間違いない」と信用するようになったのです。それは最初に三越呉服店が、日本で最初の百貨店商法を正しく行ったからであり、もし最初に三越が「ちゃんとしたこと」をしていなかったとすれば、その後、同じような店ができたとしても、これほど信頼され、繁盛することはなかっただろうと考えられるのです。もっとわかりやすく言えば、三越呉服店が最初に取り組み成し遂げた百貨店商法について「実用新案」でもとっておけば、他の店がやるときには、どの店もすべて三越に「特許料」を払わなければいけないほど、大変重要なことを三越呉服店が最初に正しくやってくれたからこそ、今日の「百貨店で買えば間違いがない」という、百貨店を信頼する評価が世間に定着したということなのです。

社会における百貨店の役割

それでは次に、百貨店が私たちの生活の中でどのような働きをしているのか、すなわち百貨店が日本の経済社会の仕組みの中で行っている働きと百貨店の果たしている役割について、もう少し考えてみたいと思います。

一体、日本の百貨店は、我々の経済・社会の、どこの、どのような分野で、どう機能して、どんな影響を与えているのでしょうか？

平成十四年（二〇〇二）の小売業全体の年間販売額を見てみますと、百三十五兆一千九十三億円です。その中で百貨店の売上げは、わずか八兆四千二百六十九億円ですから、六・二四パーセントのシェアしかありません。したがって百貨店は、決して個人消費を独占しているわけではないのです。それなのに百貨店が消費者から根強い人気を得ているのは、前にも申し上げましたとおり、「価格・品質に対して信頼できる買物が、一つ屋根の下で気楽にできる店」であるということに尽きると思います。またその価格は、「正札表示」および「広告」を通じて、「市中相場の基準」の役割を果たしています。最近は価格破壊が進んで、私達のまわりでも、「百貨店より幾ら安く買えた」と、同じ商品の安さを競い合うこともありますが、基本的には百貨店の値段が「基準価格」「信頼価格」になっていることは同じです。それから、お客様が女性・男性・子供・老人を含む「不特定多数」の「一般大衆」であることも特徴です。そして百貨店は、その販売活動を通じて一般大衆の隠れたニーズを見いだして、それまで全く知られていなかった消費や新しい財貨の利用を生み出していきます。古くは、「手の届く文化生活」という「新しいライフスタイル」の提案が挙げられるでしょう。

百貨店がつくり出す新しい財貨

三越は、明治四十五年（一九一二＝大正元年）に「和洋折衷の室内装飾」を提案しました。伝統的な日本家屋の床の間のある部屋に、ジュータンを敷いて椅子・テーブルを配した部屋の提案です。これが「和室用の洋式家具」の開発であり、それが今日の「セット家具」の販売につながっているのです。昭和元年（一九二六）から売り出された「ダイニング・セット」や「応接セット」は、ここから始まっています。

また、「子供用食器」という「お子様ランチ皿や菓子皿・御飯茶碗・コーヒー茶碗」のセットの開発もそうですし、「御子達みやげ」として爆発的人気を博した、ネット状の袋の中にエンピツやクレヨンなどが入っている「組み合せ文房具」の開発もそうでした。

昭和三十一年（一九五六）頃の、伊勢丹の「ティーンエイジャー・ショップ」の開発も、隠れたニーズの発見と商品化でした。それまでの女児服は、赤ちゃんと大人の中間の年齢対象ということで、大人の服を小さくしただけのものでしたので、着用時の評判は決して良くありませんでした。それを、後に松屋百貨店と東武百貨店の社長を歴任することになる山中鏆という当時の伊勢丹の係長が、実際にティーンエイジャーの体形を調べて、ブレザーからブラウス、スカート、靴下まで、ティーンエイジャー向けの商品を開発したのです。それまでは、ティーンエイジャーの体形も、大人の婦人と同じようにウエストがくびれていると思われていたのですが、実際に測ってみると、ティーンエイジャーは「ずんどう」であることがわかったのです。その結果、それまでの洋服の、ウエストを合わせればその他が大きくなり過ぎ、シルエットを合わせようとするとウエストが入らないという欠点が明らかになったのです。こうして山中係長の調査によって新商品が開発され、戦後のベビーブームで生まれたティーンエイジャー達の隠れたニーズであった「自分達の体形に合った女児服」が誕生したということです。

婦人既製服のサイズも百貨店が統一をいたしました。それまでは、メーカーごとに基準がバラバラであったＳＭＬを、伊勢丹が音頭をとって婦人服のサイズを五、七、九、十一、十三号とし、各サイズごとにすぐ見分けられるように異なる色のタグを付けることを提案し、伊勢丹、高島屋、西武のほか、レナウン、樫山、三陽商会、東京スタイルなどの賛同を得て昭和三十八年（一九六三）に統一し、そのままＪＩＳ（日本工業規格）に踏襲されていったという経緯もあるのです。

このように、百貨店の活動は生産メーカーにも影響を与え、その生産の安定や品質の向上にもつながっているのです。毛織物をはじめ、婦人服地・ワイシャツ生地・ネクタイなどの織物から、タオル・洋傘・陶磁器・玩具・靴・鞄などは百貨店が育成した結果、今日の隆昌をみた、といわれています。

流行をつくり出す百貨店

流行も百貨店で生まれています。流行をつくり出すことについて、大正十四年（一九二五）、白木屋の宮入保一図案係長は、百貨店が流行のデザインや色の指標を握っていると述べ、デザイン係として何をなすべきかを次のように語っています。

白木屋　図案係長宮入保一

1　百貨店に於ける図案部の使命

百貨店、ことに呉服を多量に含んでいる我国の百貨店に於ける図案部なるものは、他国のそれより一層重要なる機関である事は、いうまでもない。ことに時代の要求は、呉服にせよ、或は洋傘、ショール、ネクタイ等にせよ、実質そのものの良否よりは、まず第一に、その色合、その柄行きに重きを置いて需めらるる有様を眺めては、この色合い、柄行きの根源をなす図案なるものが、いかに大切であるかが直ちに感得せらるるのである。随って文化の中心、流行の発祥地として、自他ともに許されている百貨店が、各産地製造家に向って発表する流行の標準図案、新製品に対する予想色の指示なるものは、実に重大使命を持っているものであって、これが善悪は、その産地その製造家に絶大なる関係を及ぼす許りでなく、百貨店自身の販売率の高低を支配する性質を持つものである。即ち、これを換言すれば、これらの根源をなす所の図案の良否は、直ちに販売能率に多大の影響を与え、その店の評判の好悪を支配し、随って、その盛衰興亡にまでも多大の結果をもたらす重大使命を把持しているのであると力強く言い得るのである。

2　お誂え注文品と図案部

図案部と売場との連鎖＝図案部と売場員との接触理解の大切なる事は、いうまでもない事であるが、これに順応して図案部員と顧客との直接応対の効果の甚大であることも、事毎に立証せらるるのである。この一事は、新たに注文せらるる模様物とか、あるいは其他の服飾御注文の場合にとくに感ぜらるる。この直接応対をせぬ場合、即ち注文図案を売場員から取次がれて聞く場合は、往々にして、それが客の要求する真意と相違し、その要望の中心点と距離のあるものとなる場合が多いのである。

3　仕入商品と図案部

顧客よりの注文品に対しては、前述の通りであるが、仕入商品に対して図案部がどんな関係にあるであろうか。即ち、その産地、その製造家に指示して、その製品の完成を期する唯一の機関として春秋二季、流行色及び流行標準図案の発表をなすことである。そして、これが発表と同時に、図案部からは、産地へ出張して、講演、教示をなし、或は産地より来りたる製造業者に面接して、これが説明をなして、販売能率の向上する製品の誘導指示をするなど、その製作の便に供し来ったのである。これら標準図案ならびに流行標準色なるものは、残らず、図案部員の考案製作になったもので、白木屋の個性を或程度まで発揮せしめたものや、或は販売方面を主とした実質的な健実なものや、或は又時代の要求に融合合致した新製品に向くものなど、総て確たる目標のもとに生れた快心努力の作のみである。

この力ある作品を、各その産地に発表表示して、産地と白木屋との有形及び無形の連鎖の一助となったことは明確なる事実である。従来、どこの百貨店に於ても、仕入商品と図案部作品の図案なるものは、余程距離があるものとされて居ったり、或は又仕入部対図案部の連絡は、その主張の点に於て、融合が困難とされて居ったものであったが、当店は率先して、この弊を打破し、極めて円滑に両両相助けて仕入商品の向上に一層努力して、その収穫を得つつあるものである。

4　あけぼの半衿の考案販売

あけぼの半衿は、色と色との働きを巧みに応用して出来た幽艶高雅なもので、衣服と顔とをより美しく見せる様考慮した筆者（宮坂）の独創新考案品である。一度この品が店内の陳列場に、人形を応用せられて陳列せらるるや、直ちに一揃い（襟、着物、帯、草履）売れてしまうと同時に、一方、又、日本織物新聞は勿論、他の新聞雑誌までも其記事を載せて、大いに賞讃の辞を浴せ天下に紹介したのであった。爾来、このあけぼの半衿は、白木屋創案の銘を打って、半衿売場に常に置かれ、尚続々と売れつつあるものである。これらは売場と仕入部との密接なる関係を如実に現わした力強いものの一つである。（後略）

これを読むと、日本に百貨店という営業形態が誕生してから二十年ほどで、百貨店が流行のデザインや色の指標を握ってしまったことがわかります。事実、こういった流行づくりが頻繁に生産者側と百貨店との間で行われていたことを示す資料も残っています。昭和三年（一九二八）に行われた「伊勢崎織物協同組合」の「求評会」の記録です。

昭和三年（一九二八）の「絣　求評会評　東京之部」

第二三九号　天田清三郎製　参十参円也

批評

松屋　地風最モ宜シ、色目ハ関西向ノ調子ナレバ一般向ノ柄風ニサレタイ、地風ノ関係カラ年代ハ二十五六才以上ノ柄ニセラレタイ

上野松坂屋　研究ノ苦心ハ認ムレドモ用途ノ点ニ就テ考フルニ着尺（着物用）、羽尺（羽織用）ノ何レモ不向ナリ、此ノ程度ニテハ裏ノ透ケ見ユル欠点アリ

銀座松坂屋　柄ハ良好ナレ共色目赤シ、地風モ先ズ可良ナレ共、目方ヲ加ヘナイ程度ニテ地風ヲ厚クサレ度、「コート」地ノ用途ノミ

高島屋　地風、頗ル良シ、柄モ良シ

このように日本の百貨店は、誕生当初から生産者側を指導して、流行を生み出させる存在であったことがわかります。こうした百貨店の影響力は、各種階層または都会と地方の間にあった生活様式の差や違いをなくし、人々の生活をレベル・アップの方向で均一化さ

せていきました。フランスの文豪エミール・ゾラは、「百貨店は、ぜいたく品の民主化をはかった」と作品の中で述べていますが、事実、今では耐久消費財の消費においては階層的な差はなくなり、上から下まで同じような商品を使うようになっています。

百貨店と関連産業

百貨店と関連産業の関係は他にもあります。百貨店の納入業者の多くは中小企業ですが、その取引関係は長期にわたり、安定的で、おまけにその取引範囲は全国の広地域に及んでいます。しかもその結びつきは、単なる商品の物理的移動だけではなく、消費者の嗜好、流行の傾向、品質の選択、売りやすい値段などの連絡は日常的に行われているほか、技術ならびに金融上の指導・援助を百貨店が行っている場合も少なくありません。

建築業界との関係もあります。百貨店は大建築であるうえに、市街地の最も賑やかな場所に建てられていますから、「都市を代表する建築物」となっているのです。したがって都市の美観に重大な関係があり、その外観は「自店の為にのみ」というわけにはいかないのです。百貨店は多数の商品を取り扱う場所ですから、特定の販売商品を強調するような特殊な表現をすることはできません。さらには、社会の各階層の人が買いに来る所ですから、「安心して、信用して、買物のできる所」「気楽に買物を楽しめる所」「皆様の百貨店」といった条件を充たしていなければいけないのです。百貨店は、誕生以来、そうした条件を満たすことによって、建築業界のデザインや技術の革新に寄与してきたと言えるのです。おまけに百貨店が建築される周辺は、地価が高騰するという影響力もあるのです。

このほか百貨店は、膨大な量の袋や包装紙などの用度品や机・ロッカー・棚・陳列ケースなどの備品の購入によって、それ専門の業界を成り立たせておりますし、宣伝広告における新聞・雑誌・TV・ラジオなどのマスコミ関係や社債とか借入金などの関係から、銀行や保険会社とも関係しています。株式を保有する株主との関係もありますし、雇用面における貢献もあります。百貨店は多くの従業員に働く場を与え、学生や主婦達にアルバイトの場を提供しています。それどころか百貨店はいろいろな業界を育成していますから、その業界の人達の働く場も保証しているのです。ドイツの百貨店の例でわかったことですが、かつてナチスが政権を握って百貨店を迫害したことがありました。ところが、百貨店が苦しめば苦しむほど失業者が増えることがわかり、それ以降、百貨店に対するナチスの嫌がらせは減ったということです。これなどは、百貨店が雇用面に対して果たしている役割が、社会的にいかに大きいかを物語るよい実例だと思うのです。

百貨店が果たしている社会的・文化的貢献

百貨店が果たしている社会的・文化的な貢献も忘れることはできません。日本に百貨店が誕生して以来、百貨店が「家族連れで訪れる楽しみの場所」であったことは、よく知られている事実です。昭和初期の日本の百貨店は「家族の行楽の場」として利用されており、そのことが日本の百貨店の大きな特色の一つになっておりました。「百貨店の食堂」もその一つです。手軽で、オツで、決して高くなくて、女子供を連れていって安心な、洋食が食べられる雰囲気の良い所が百貨店の食堂であったのです。そして「お子様ランチ」「お子様弁当」「お子様寿し」などの子供用メニューも、百貨店の食堂が開発した新商品でした。

そのほか、家族連れの客が百貨店で楽しむことのできる施設に「屋上庭園」がありました。三越が「空中庭園」と称して屋上庭園を開いたのは、食堂開設と同じ明治四十年（一九〇七）のことです。屋上庭園は、百貨店の娯楽機関として、はっきり認識されて造られた最初の施設でした。百貨店は池・噴水をつくり、植物を植え、神社などを配して回遊できるようにいたしましたし、温室、奏楽台、茶室、望遠鏡なども設置して、人々が楽しいひと時を過ごせるようにしたのです。このように日本の百貨店は、屋上を重要な要素として取り込み、楽しむことのできる場所に発展させようとしました。この傾向は、百貨店が鉄筋コンクリートで造られるようになった関東大震災以後に、よりはっきりとした形で現れてきます。大正十三年（一九二四）に開店した松坂屋銀座店では、屋上にライオンや豹などを加えた動物園を開設しておりますし、昭和六年（一九三一）に開店した松屋浅草店では、小動物や各種の遊戯施設を集めた「スポーツランド」を造っておりました。このように百貨店の屋上は、娯楽施設が未発達の時代には、まるで遊園地のような観を呈していたのです。百貨店のこういった施設が、当時どれほど人々に喜びを与えていたかは、当時の双六に「屋上庭園」と「食堂」が「上り」に使われていることからもわかります。この二つの施設は、当時の人々が家族で来て、安心して楽しめる一番身近なホットな場所であったのです。このほか百貨店は、エレベーターやエスカレーターといった近代文明の産み出した最先端の機械設備を、いち早く、手軽に体験できる場所でもありました。

そして百貨店の果たしている社会的・文化的貢献の最大のものとしては、各種の「催物」の開催が挙げられます。各種の国宝展・美術展・諸外国の紹介展、生活関係のもの、社会関係のもの、各地方の物産展、名所関係のもの、新製品やファッション紹介のものなど催物の種類はたくさんあり、こうした催物を通して百貨店は、人々が商品知識や社会的・文化的知識を簡単に吸収することができるよう手助けをしてきたのです。

このように日本の百貨店は、商品を陳列して販売する生活必需品の小売り配給以外に、買物をしながら「現代人の要求する心の糧」を満たす手助けをしていますから、普通の小売店や市場と大いに異なる存在となっているのです。ここに、日本の百貨店の存在意義があり、「生活文化の生き字引」「常識の家庭経済博覧会」と言われる所以があるというわけです。別の言い方をすれば、欧米に比べると日本では図書館、美術館、博物館などの知識的・趣味的文化施設が不十分ですから、これを補うことによって百貨店自身が、理想的な「立体的文化都市」「立体的お買物街」を構成する余地があり、そういった社会に欠けているもの補うことによって成長してきたのが日本の百貨店であると言えるのです。百貨店の文化催事は、直接的には採算が合いませんが、これも百貨店としての社会奉仕の手段であり、しかもそれによって結局その店の人気と繁栄と信用が得られるわけですから、百貨店活動においては、将来への発展につながる重要な柱の一つだと位置付けられるのです。

二　日本における百貨店誕生までの足取り

日本の百貨店のルーツは江戸時代の呉服店

日本の百貨店が、いつ頃創業されているかを調べてみると、「江戸時代」と「ごく最近になって創られた店」の二種類があることがわかります。古い歴史を持つ店は、主に江戸時代の呉服店から発展してきており、このグループに入る百貨店は三越や大丸、松坂屋、高島屋などで、一般に「呉服系百貨店」と呼ばれています。ごく最近になって創られた百貨店には、「電鉄系の百貨店」と、この地にどうしても百貨店が必要だと思った有志が創った「その他の百貨店」の二つがあります。そして日本の百貨店の原型を創ったのは、この呉服店から発展してきた呉服系百貨店のほうなのです。

それでは、呉服系百貨店にはどういう店があるのかを創業年度順に列記してみますと、まず慶長十六年（一六一一）に今の松坂屋が伊藤呉服店として創業しております。次いで寛文二年（一六六二）に白木屋呉服店、今はなくなってしまった東急日本橋店の前身です。三越は越後屋呉服店として延宝元年（一六七三）に、山形の大沼が元禄十五年（一七〇二）、川崎のさいか屋が享保元年（一七一六）、大丸が享保二年（一七一七）、現在の千葉三越の前身である奈良屋が寛保三年（一七四三）、鹿児島の山形屋が宝暦元年（一七五一）、福岡の岩田屋が宝暦四年（一七五四）、高島屋が文化十一年（一八一四）、仙台の藤崎が文政二年（一八一九）、岡山の天満屋が文政十二年（一八二九）、そごうと福島の中合が天保元年（一八三〇）、甲府の岡島が天保十四年（一八四三）、山口のちまき屋が安政二年（一八五五）、盛岡の川徳が慶応二年（一八六六）、金沢の大和が慶応年間（一八六五〜一八六七）に創業しております。これらの店は江戸時代に創業して今日まで続き、現在、日本百貨店協会に加盟している呉服系百貨店です。これ以外にも江戸時代の呉服店から百貨店化し、すでに営業を停止してしまった店も多数存在します。例えば、天和九年（一六二二）創業の十一屋、享保四年（一七一九）創業の棒二森屋、享保九年（一七二四）の伊勢甚、文化三年（一八〇六）の玉屋、嘉永三年（一八五〇）の本金、嘉永四年（一八五一）のかくは宮川、嘉永六年（一八五三）の大国屋、安政元年（一八五四）の岡政、元治六年（一八六九）の野沢屋などです。このほかにも、江戸時代に創業して百貨店とならなかった呉服店は数えきれないほどありました。

江戸時代に呉服店が相次いで誕生したわけ

それでは次に、なぜ呉服店が江戸時代にこれほど多く創業されたのか、ということについて考えてみたいと思います。

もちろん、「そんなことは当たり前だ。江戸時代の人達は着物を着ていたのだから」と言う方が大半だと思います。しかし、当時の一般庶民の着ていたものは「古着」がほとんどで、肝心の呉服ではありませんでした。呉服は古代中国「呉の国」から伝わった織り方によるといわれていて、今では和服織物の総称ですが、江戸時代には、麻・綿織物などの「太物」に対し、絹織物を指して「呉服」と言っていたのです。したがって一般庶民は大店の呉服店などに縁がなく、たまに訪れる行商の呉服商から買えれば恵まれたほうであったのです。江戸では日本橋富沢町と神田柳原土手通りが古着屋の街でしたから、人々はそこに行って日常着る物を買っていたのでした。

それでは、一体誰が呉服を買っていたのでしょうか。それを解くカギは、江戸という都市と江戸時代の仕来たりの中にあります。

天正十八年（一五九〇）八月一日、徳川家康は、時の天下人豊臣秀吉によって、当時の僻地「江戸」へと追いやられます。その頃の江戸は、荒廃した江戸城と、平河・芝崎・桜田など数ヵ村の集落があるだけの未開の土地でした。ところが家康は、江戸城の改築と共に積極的に町づくりを進め、武家地や町人地や寺社地を定め、交通網と輸送網の整備に取り組みましたから、慶長五年（一六〇〇）、関ヶ原の戦いで家康が天下の覇者となると、江戸に証人（人質）を置く大名が多くなり、江戸城周辺に大名屋敷が立ち並ぶようになりました。そのため江戸は、関ヶ原の戦いから二十年後には、人口も十万人を超える大都市に発展いたします。そして慶長八年（一六〇三）、家康が征夷大将軍となって江戸に幕府を開きますと、江戸は政治の中心となり、諸国から流れ込む移住者たちで膨張に膨張を続けて、元禄年間（一六八八～一七〇三）には人口七十万人、享保年間（一七一六～一七三六）には人口百万人に達して、当時における世界最大の都市となるわけです。

ところがこの巨大都市は、わずかな年月のうち急膨張した一種の人造都市でしたから、必要物資を自給することができませんでした。消費人口だけが多く、生活物資の供給体制が整わない江戸に対して、消費物資が各地から持ち込まれるようになるのは当然のことです。ここに商人や職人達の活躍の場が生まれました。一方、徳川氏は、自らの支配力を維持するために諸大名の妻子の江戸居住と、大名の一年おきの参勤交代を強制いたしましたから、江戸は諸大名の江戸屋敷と八万騎といわれた将軍直属武士団の旗本や御家人達で溢れかえることになります。大名屋敷には原則として上屋敷（正妻が住む家）と中屋敷（跡取りの嫡子が住む家）と下屋敷（別荘）の三つがあり、下屋敷が五ヵ所もあるような大大名もいたのです。そのため大藩では数千人、小藩でも数百人の侍を江戸に常駐させる必要がありました。そのほかに、将軍直属で将軍に直接会うことのできる一万石未満の武士を旗本といいますが、これが当時約五千二百家ありました。また将軍直属ではありますが、将軍に直接会うことのできない身分の武士を御家人といい、これは約一万七千二百家ありました。そして千石の旗本は二十一人、五千石の旗本は百三人の家臣を常備するというように、石高による軍役人数が定められておりましたから、その総数に御家人を加えると約八万騎になったわけです。したがって一番多かったときは、人口の半分以上を占める六十万人もの武士達が江戸にいたということです。そして、この武士達こそが、呉服の主たる購入者であったのです。そこには「武士道」との深い関係がありました。

天下が統一され、江戸時代という戦争のない泰平の世になって武士道は大きく変質し、価値観の大転換が行われました。その結果、それ以前の「武者の習い」という「弓馬の修練」を重んじる奉公から、何よりも「忠孝・礼儀を掲げ、身分秩序の維持」を重んじる奉公の世に変わったのです。それは大名統制の根本法典である『武家諸法度』の第一条を見るとよくわかります。

武家諸法度第一条にみる政策内容の変化

一六一五〜八〇年（秀忠〜家綱の時代）
文武弓馬の道、専ら相嗜むべき事

一六八三年（綱吉が発布）
文武忠孝を励まし、礼儀を正すべきの事

一七一〇年（正徳の治のころ）
文武の道を修め、人倫を明かにし、風俗を正しくすべき事すなわち主君への奉公の道が、武芸第一から礼儀第一に替わったということです。兵学者大道寺友山の『武道初心集』に「武士道においては、たとえ、いか程、心に忠孝の道を守り候ても、形に礼儀を尽さずしては、忠孝の道に全くかないたるとは申さず候」とあるように、武士は「形に礼儀を尽す」ことが第一とされたのです。要するに、人に会うときに御洒落をして威儀を正せば正すほど相手に敬意を表していることになり、威儀を正さず御洒落をしていないと、相手に敬意を表していないことになったわけです。

それに加えて着飾ることは、武士が町人や農民に対して支配階級であることを示す差別化の手段でもあったのです。そのあたりのことを井原西鶴は、その著書『日本永代蔵』において、「武士は綺羅を本としてつとむる身なれば、たとへ無僕の侍までも、風儀、常にして思はしからず」、すなわち「武士の勤めは、美々しく威儀を整えねばならぬものであるから、たとえ下僕も連れぬ身分の侍までも、並の服装では、思わしくない」と評しています。

武士達は、「時服」といって時候にふさわしい衣服を、「登城用」「日常用」など種類多く整えねばならないことになっていました。また、当時の「衣替え」の習慣は、今より非常に厳しいものでした。さらに妻や娘や小間使いといった、いわゆる「奥向き」で使う衣服も必要としましたから、武士の衣類の需要量は膨大なものになったのです。元禄年間（一六八八〜一七〇三）、江戸における衣服購買率は、人口比率は半々であったにもかかわらず、武家方八、町方二という割合だったということです。

こうした背景があったため、江戸時代を通じて小売商業界の中心的存在となったのが呉服商でした。江戸・京都・大坂をはじめ諸大名の城下町でも商人が増加いたしますが、その中心になったのは、いずれも呉服商人達です。江戸時代の京都は、呉服・染物・織物・家具・漆器・酒などの主要生産地で、いわば日本最大の生産都市という立場にありましたから、そこに目をつけた商人達は、こぞって京都に本店を置き、そこを仕入れの拠点として、最大の消費地である江戸に商品を送っては高く販売し、巨富を築いていったのです。こうして多くの「江戸店持ち京商人」といわれる大商人達が江戸時代に誕生したのでした。

江戸時代の呉服商人が今に残したもの

それでは、こういった呉服商人達は江戸時代を通じて一体何をし、我々に何を残していったのかを考えてみたいと思います。もちろん呉服商人達は呉服を商って購入者の需要を満たし、商売上の栄枯盛衰はありましたが、どの店も一生懸命に働いて、繁栄を勝ち取っていこうとしました。その結果、彼等は呉服店としての存在よりも、「これだ」という商売の方法を考え出したことで、今日、我々により知られるようになります。それはまさに合理的で革新的な商法といえるものばかりでした。

まず、越後屋呉服店（三越）が天和三年（一六八三）に江戸市中に配布した引札（ちらし）をご覧いただきましょう。

引札（ちらし）

「駿河町越後屋八郎右衛門申上候。今度私工夫を以、呉服物何に不レ依、格別下値に売出し申候間、私店に御出御買可レ被レ下候。何方様にも為レ持遣候儀ハ不レ仕候。尤手前割合勘定を以売出し候上ハ、一銭にても、空値不二申上一候間、御値ぎり被レ遊候ても、負ハ無二御座一候。勿論代物は、即座に御払可レ被レ下候。一銭にても延金には不レ仕候。

以上

呉服物現金　駿河町二丁目
安売無掛値　越後屋八郎右衛門

「駿河町の越後屋八郎右衛門からお知らせ申し上げます。この度、私どもが工夫を重ねましたところ、呉服物に限らず、何でも破格の安値で売ることが可能になりました。ぜひとも当店までお出掛けの上、お買い上げくださるようご案内申し上げます。どなたさまにも配達はいたしません。また、当店での安値販売は一銭の掛け値もいたしておりませんので、お値切りあそばされても値引きはいたしません。もちろん代金は即金でお支払いくださるようお願いいたします。たとえ一銭であっても掛売りはいたしません。　以上

呉服物現金安売り掛値なし　駿河町二丁目　越後屋八郎右衛門」

これが世に言う越後屋の「現金安売り掛値なし」という商法で、この定価販売（ワンプライス・ポリシー）が欧米で正式に出現するのは、それから百六十九年後の、一八五二年のパリにあった「ボン・マルシェ」という、世界で最初に百貨店となった店からですから、どれほど江戸の呉服商人のほうが早かったかがわかります。欧米における「品取替えの自由」も、一八五二年の「ボン・マルシェ」からですが、越後屋呉服店が宝暦七年（一七五七）に配布した引札には、

宝暦七年　引札　　　　　　越後屋

「万々外より下値にも無之様に被思召候か又は其の品が御意に入り申さず候わば何時にても売手形相添え御戻し遊ばさる可く候代銀返上仕る可く候」

とあり、すでに「もし万一、他より安くないと思えたり、その品が気に入らなかった場合には、いつでもお戻しください。代金をお返しいたします」とあり、これも「ボン・マルシェ」より九十五年ほど早かったことになります。

このほか、白木屋呉服店の初代大村彦太郎可全は、「商いは、高利を取らず、正直に、よきものを売れ、末は繁昌」という商業訓を残して「優良品を適正価格で販売する」という方針を示しておりますし、大丸呉服店の初代下村彦右衛門正啓は、「先義而後利者栄」すなわち「義を先にして利を後にするものは栄える」を店是といたしました。今の言葉になおせば、「消費者の便宜を何よりも優先して考えれば繁昌する」ということになるでしょう。天保二年（一八三一）に創業した高島屋呉服店では、創業に当たって次の四綱領を定めています。

第一義　確実なる品を廉価にて販売し、自他の利益を図るべし
第二義　正札掛値なし
第三義　商品の良否は、明かに之を顧客に告げ、一点の虚偽あるべからず
第四義　顧客の待遇を平等にし、苟くも貧富貴賤によりて差等を附すべからず

これらの営業方針を見ることによっても、その当時における呉服商人達の進歩的な販売方法の一端を知ることができるわけです。

また組織の面においても、井原西鶴は『日本永代蔵』に

四十余人利発手代を追まはし。一人一色の役目。たとへは金襴類一人。日野郡内絹類壱人。羽二重一人沙綾類一人。紅類一人麻袴類一人毛織類一人。此ごとく手わけをして天鵞兎一寸四方。段子毛貫袋になる程。緋繻子鑓印長。龍門の袖覆輪かたかたにても物の自由に売渡しぬ。殊更俄か目見の熨斗目いそぎの羽織などは其使をまたせ数十人の手前細工人立ならび。即座に仕立これを渡しぬ。

と越後屋呉服店のことを書いており、「一人一色の役目、例えば金襴類一人、日野郡内絹

類一人、羽二重一人、紗綾類一人、紅類一人、麻袴類一人、毛織物一人」といったように、越後屋呉服店がそれぞれの担当を定めて「分業」を行っていたことがわかります。その他に、「ビロードは一寸四方」「ドンスは毛抜き袋」ほどのサイズでも、「緋繻子は鎗印（坊さんがお払いに振る払子）」の長さでも、「綾織りは、ヘリの金銀が不揃い」であっても「自由に切り売り」していたこと、突発的に生じた将軍との面会用の礼服や羽織などは、その場で仕立てて渡すという「即時加工渡し」をしていたことなども記されています。

このように江戸時代の呉服店は、現在でも通用するような革新的な商法を幾つも開発いたしておりました。その商法は、まったく意識していなかったのにもかかわらず、結果的に世界に共通した「百貨店の五条件」、すなわち「入店の自由」「定価販売」「現金販売」「返品の自由」「薄利多売」を見事に満たすものであったのです。

三越百貨店の前身である越後屋呉服店は、延宝元年（一六七三）に「店前売り《たなさきうり》」という、今で言う、通りがかりのお客様を相手にする「現金販売」を始めています。当時こうした販売の方法は、主に場末の小店舗で行われていたものであって、江戸の中心街の大呉服店は、あらかじめ得意先を廻って、その注文の有無を聞き、あとで好みの品物を持参する「見世物商い」と、商品を得意先に持参して売る「屋敷売り」とを主体にしていました。そして決済方法は六月・十二月の「二節期払い」か、または十二月一度の「極月払い」による「掛売り」が慣例となっていました。越後屋呉服店では、こうした当時の呉服店の慣例に反して、現金販売である「店前売り」を実行に移したのです。しかしこの新商法は、越後屋呉服店の創業者三井高利の独創によるものではありません。親類の伊豆蔵呉服店で試みられていたやり方を幼少の折に高利が学びとり、自分で店を経営するに当たって実行に移したものでした。しかし呉服のような商品は、一般のお客様が直ちに品質の良否を見分けることは困難ですから、それだけに正直な商いをし、真に妥当な値段で提供することが「店前売り」成功の条件となります。越後屋呉服店では、この問題を「仕入れ方法」と「両替店の活用」によって見事にクリアし、大繁盛を勝ち取ります。そして天和三年（一六八三）には、有名な「現金安売り掛値なし」の看板を掲げ、五十万枚とも六十万枚ともいわれる引札を江戸中に配布して、「現金販売」「薄利多売」「定価販売」の商法を江戸の庶民に知らしめたのでした。加えて、宝暦七年（一七五七）には、「返品自由」をうたった引札を配布して、その商法に拍車をかけたのです。

このほか、大丸呉服店の経営綱領「先義而後利者栄」すなわち「消費者の便宜を何よりも優先して考えれば繁昌する」や、高島屋呉服店の経営綱領「顧客の待遇を平等にし、いやしくも貧富貴賎によりて差等を附すべからず」などを考えますと、日本で最初の百貨店が呉服店から始まったということは、ごく自然な流れであったのかもしれません。

第二章　百貨店成熟までの足どり

一　明治維新がもたらしたもの

文明開化

さて、時代はかわって江戸から明治（一八六八～一九一二）へと移ります。江戸時代を通じて小売商業界の中心的存在であった呉服店にも、明治維新は新たな生き方を迫ります。明治維新以後、日本政府は、西欧諸国と肩を並べる文明国家であることを証明しようと、極端な「欧米化政策」をとります。いわゆる「文明開化」です。そのためまず、天皇自らが欧米化の最も具体的、肉体的表現である欧米風俗を率先して身につけるという「天皇モデル方式」を採用いたします。つまり、欧米に追いつけ、追い越せと、天皇を先頭に政府高官達は断髪、洋服、肉食など、新しいライフスタイルを民衆に先駆けて実践してみせたのです。明治五年の毎日新聞には、「天皇陛下でさえ牛肉を召し上がるようになった。汝、もろもろの民よ、進んで牛肉を食え」とあります。スキヤキは、文明開化のシンボルとなりました。そして、欧米主義にかぶれた上流階級では、「米を食べると背が低くなる。体格が悪くなる。頭が悪くなる」との偏見のもとに、パン食を礼讃、西洋風の食生活を始めます。そのピークが明治十六年（一八八三）頃の鹿鳴館時代でした。日本は、西欧諸国と肩を並べる文明国家であることを証明しようと、涙ぐましいまでの努力をしていたのです。とはいえ、明治前期に欧米スタイルが浸透したのは、皇族・華族・政府高官・成金商人・新しがり屋といった限られた人達のみでした。それが国民一般にまで浸透するのは、第二次世界大戦後、生活がようやく安定し始めた昭和三十年代（一九五五～六四）から四十年代（一九六五～七四）までかかるのです。

座売り方式の廃止

このような流れの中で、江戸時代からの呉服店も、文明開化のあおりを受けて、新しい商品としての「舶来洋装品」を扱わざるを得なくなります。それは開国政策の結果、舶来品と称する外国製品が多数輸入され、呉服店にも、来日外国人がしばしば買物に訪れるようになったからでした。このような状況のもとで呉服店は、明治中期頃から海外に店員を派遣し、直接、商品の輸入を行うとともに、見本品を持ち帰って日本での生産指導を行い始めます。明治十九年（一八八六）には、白木屋呉服店が洋服部の新設を行い、明治二十年（一八八七）には、高島屋呉服店が貿易部を新設、三井呉服店（三越）も、明治二十一年（一八八八）に、本店西側に洋館建築の洋服店を開業いたします。

呉服店の取り扱い商品が変わるにつれて、呉服店の販売方法も変わっていきました。それまでの売り方は、中国流の「良賈《りようこ》（立派な商人）は深く蔵す」を守って、商品は倉庫にしまっておいて、お客様の注文に応じて出して見せる「座売り方式」でした。しかし、商品が増えるにつれ、「座売り方式」の不便さが表面化し、新しい販売方法として「陳列販売方式」が登場いたします。最初に「陳列販売方式」を導入したのは高島屋呉服店でした。高島屋京都店では、明治二十年（一八八七）に北店を増築、一階は座売りで、二階は外国人客用の貿易部とし、陳列売場を新設いたします。東京では三井呉服店（三越）が、明治二十八年（一八九五）に本店二階全部を陳列場に改装して、ガラスのショーケースを並べて、お客様が自由に見られるようにいたしました。続いて松屋呉服店が、明治三十四年（一九〇一）に陳列場を開設、白木屋呉服店が明治三十六年（一九〇三）に、上野のいとう松坂屋呉服店（松坂屋）と東京の高島屋呉服店は、明治四十年（一九〇七）になって陳列販売方式に切り替えています。こうして販売方法は、従来の「座売り方式」から「陳列販売方式」が主流になってまいります。

ショーウィンドーとPR誌

こうした動きと並行して「ショーウィンドー」が作られ始めます。これも、明治二十九年（一八九六）の、高島屋京都店のショーウィンドーが最初でした。続いて、明治三十一年（一八九八）に高島屋大阪店がショーウィンドーを設けます。以後、明治三十六年（一九〇三）

の三井呉服店と白木屋呉服店、明治三十七年（一九〇四）の松屋呉服店、明治三十九年（一九〇六）の名古屋のいとう呉服店（松坂屋）と、ショーウィンドーの開設が相次ぎます。

その一方で、自店のPRのため、ポスターとPR誌の発行も計画されます。三井呉服店（三越）は明治三十二年（一八九九）一月、業界最初のPR誌・三井呉服店案内『花ごろも』を発行いたします。同年六月、三井呉服店は新橋駅と上野駅と梅田駅の待合室に「百貨店ポスター」の始まりである等身大の絵看板を飾ります。明治三十五年（一九〇二）には、高島屋呉服店が、月刊のPR誌『新衣装』を創刊し、三井呉服店も明治三十六年（一九〇三）に月刊のPR誌『時好』を創刊いたします。明治三十九年（一九〇六）には、名古屋のいとう呉服店（松坂屋）が『衣道楽』を、松屋呉服店が『今様』を、そして明治四十年（一九〇七）には大丸呉服店が『衣装』を創刊いたします。

このような、

①　陳列販売方式の導入
②　ショーウィンドーの設置
③　ＰＲ誌の発行

は、商品に対する人々の興味を大きく引き起こすことになりました。それまでの「座売り方式」に比べて、これらの手段が大量の消費を促す大変有効な方法であることがわかってきたのです。

流行をつくり出す試み

そこでさらに人々の興味を引き起こし、大量消費を促すために、意図的に「流行」を作り出すことが試みられました。

明治二十八年（一八九五）の三井呉服店の「意匠部」新設も、こういった意図に添うためのものでした。明治二十九年（一八九六）三井呉服店は、日清戦争後の好況に対して、「景気が良くなれば世間の人々の好みは派手になる」と予測して、「伊達模様」と名付けた揃いの衣装をつくり、それを新橋芸者の売れっ子に贈り、あちこちの座敷で「伊達模様踊り」を踊らせて、意図的に流行をつくろうといたしました。今で言う一種のプロモーションでしたが、これに関しては、さほどの反響は起きませんでした。しかし明治末期には、見事に仕掛けが当たっています。

明治三十七年（一九〇九）、三井呉服店（三越）は、江戸時代中期の画家であり工芸意匠家として知られている尾形光琳の描いた人物・花鳥・山水画を集めた「光琳遺品展覧会」を開催して、「元禄ブーム」のきっかけをつくります。翌明治三十八年（一九〇五）には、学者・有識者を中心に構成した「流行研究会」を発足させ、その意見を取り入れた商品開発や催物を開催したほか、広く「元禄風裾模様」「元禄風友禅模様」を懸賞募集し、当選作を陳列発表して人々に大きな反響を巻き起こしました。三井呉服店の演出によって、新橋の花柳界から「元禄踊り」が踊られ出し、歌舞伎座でも演じられるようになります。「元禄模様」は髪飾、小間物、さらには漆器、陶器をはじめとする調理器具、日常用品や絵葉書といった商品にまで及び、その図案が応用された「流行」は、明治三十八年（一九〇五）から明治四十年（一九〇七）頃まで続いたのです。百貨店によって意図的に「流行」がつくられ、それが一世を風靡した成功例の一つです。

デパートメントストア宣言

こうした流行づくりの一方、着々と経営方法の改善も行われ、大福帳は洋式帳簿に改められ、出納係、売場係、仕入係、倉庫係といったぐあいに、組織も機能的に分化して営業を行う方式が採用され出します。そして明治三十七年（一九〇四）、日本で初めて「百貨店業」が始められることになるのです。

明治三十七年（一九〇四）十二月六日、三井呉服店が、従来属していた三井の企業集団から独立して、「株式会社三越呉服店」となります。直ちに、全国の顧客・取引先に、三井と三越の連名で挨拶状が発送されました。その文面は、明治三十八年（一九〇五）一月二日の全国主要新聞に掲載された「一ページ広告」の文面と同じものでした。

「デパートメントストーア《ママ》宣言」

謹啓　今般当店に於て合名会社三井呉服店の営業を其侭引継ぎ候に付ては店員は勿論其他一切従来通りにて相変らず御用相伺ひ可申候間倍旧御愛顧の程偏に奉願上候就ては今後は全力を東京本店一方に集め一層勉励御得意様方の御便利を計り追て左の事実を挙行可致心得に御座候

一、東京本店は追て店舗の面目を一新し商品飾付け万端最新の改良を加へ御来客様に一層の美感を生じ愉快に御買物遊ばされ候様充分設備可致事

一、当店意匠係は別に模様参考室を設け染織模様御註文の御方には此参考室に於て新古多

数の参考品を御覧に入れ充分御撰定の御便利を達する事
一、当店販売の商品は今後一層其種類を増加し凡そ衣服装飾に関する品目は一棟の下にて御用弁相成候様設備致し結局米国に行はるるデパートメントストーアの一部を実現可致候事
一、春秋二季新柄陳列会を開きて各地織業者の新作品を促し同時に又美術的展覧会を催して一般意匠の進歩を計り他に比類なき出陳品を先ず御来客様方の御撰取に供する事
一、京都仕入店は従来の染織工場を此際一層拡張し他に比類なき斬新優美の流行品を調整し時好の急先鋒とも相成候様益々改良を謀る事
一、地方販売係は当店発行の月刊誌『時好』を以て随時都下流行品の模様を示した御註文品の撰定及び其発送方にも一層の注意と工風とを凝し遠方より御買物遊ばされ候御方に対して充分御便利を謀る事
以上の事項は今後着々実行仕るべく已に店舗改良の目的を以て米国へ派遣致置候店員林幸平も不日調査を終りて帰朝可致候間彼の国最新式の店舗改良法も追々事実に現はれ可申候に当店営業引継ぎの御披露を兼ね慮外ながら聊か当店の抱負をも申述べ度如此に御座候也
明治三十七年十二月

株式会社三越呉服店

ここで注目すべきことは、真ん中の項にあるように、「当店販売の商品は今後一層其種類を増加し凡そ呉服装飾に関する品目は一棟の下にて御用弁相成候様設備致し結局米国に行はるるデパートメントストーアの一部を実現可致候事」と、株式会社三越呉服店が部分的ではあっても、アメリカにおける百貨店を実現することを明確に表明したことです。

これがいわゆる三越の「デパートメントストア宣言」といわれるものであり、日本で最初の百貨店業開始の宣言であったのです。世界で最初の百貨店は一八五二年のパリに誕生した「ボン・マルシェ」であるといわれていますから、三越はそれに遅れること五十二年ということになります。

欧米の百貨店の営業形態は、「一つ屋根の下に、ありとあらゆる商品を品揃えし、顧客に一ヵ所で何でも買える便宜を提供する」というものでしたから、三越呉服店はこの宣言によって、欧米と同様のワンストップ・ショッピングという買物の便宜をお客様に提供することを約束したわけです。

三越呉服店の取り組み

三越呉服店は、この宣言に従って取り扱い商品の充実を図ります。明治三十八年（一九〇五）に化粧品、帽子、小児用服飾品を加え、明治四十年（一九〇七）に鞄、靴、洋傘を加え、食堂と写真撮影部を開設し、空中庭園（屋上庭園）を開設します。明治四十一年（一九〇八）に貴金属、煙草、子供用品、文房具などを加えて、呉服以外の商品を増やしていきます。三越呉服店の「子供部」は、明治四十一年（一九〇八）に新設されますが、これと同時に学者・有識者を中心とした「児童用品研究会」を発足させ、「子供服の開発」と、家庭における子供の日常生活の参考になるような新商品を展覧する「児童博覧会」を始めます。この「児童博覧会」は、明治四十二年（一九〇九）から大正十年（一九二一）まで九回にわたって開催されましたが、百貨店としての新たな商品分野の開発ということのほかに、展示物を通して、新しい時代にふさわしい、具体的な「家庭生活」を、子供を中心に演出しようとした点が注目されます。

三越呉服店が行った文化的催しのうち、「児童博覧会」が大正十年（一九二一）に終わったのに対して、その後も積極的に続けられた催し物が「美術展覧会」でした。三越呉服店では、明治四十年（一九〇七）に「新美術部」を開設して、絵画・工芸品の展示販売を始めています。当時の東京では、美術品を紹介する機関が上野公園内竹之台五号館と美術協会の列品館に限られていましたから、販売を目的にした展示とはいえ三越呉服店の新美術部は、美術品の常設展示場としての役割を果たし、同時に、人々に新しい時代の理想的な生活には、家に美術品を飾ることが欠かせないこと教えることになったのです。そしてこのことは、結果的に美術家および日本の美術界を育てることにもつながっていきました。

このほか「家庭生活」の演出という点で、百貨店がより直接的な役割を果たしたのが家具・室内装飾の分野でした。百貨店の室内装飾分野への進出は、明治十八年（一八八五）に高島屋呉服店が大阪府庁に窓掛装飾品一式を納入したのが最初です。東京の百貨店で早くから家具・室内装飾の分野に進出していったのは三越呉服店と白木屋呉服店でした。三越呉服店は明治後半から家具・室内装飾の分野に進出しておりましたが、三越呉服店の室内装飾を世に知らしめることになったのは、明治四十一年（一九〇八）一月に完成したフランスの「日本大使館」の装飾でした。三越呉服店は、日本大使館の「客間を菊」「食堂を紅葉」「婦人室を桜」「喫煙室を竹」「その他の部屋を武器」をテーマに日本風の意匠でまとめ上げて絶賛を博します。こういう経緯をたどって三越呉服店は、明治四十二年（一九〇九）に家具陳列場を新設し、翌年には家具加工部を創設、本格的に家具・室内装飾分野に進出するのです。三越呉服店の家具・室内装飾の開発で特に注目されることは、前にも触れておりますが、和洋折衷の家具や室内装飾の開発を積極的に進めたことでした。

日本では、明治の中頃から、玄関の近くに客間として使用する洋間がついた家が多くなりましたから、三越呉服店は、このような和洋折衷の日本家屋に合う洋家具の開発こそが、日本人の「生活改善」につながると考えたのでした。このような三越呉服店の生活に対する具体的な提案は、日本が近代化していく過程で、新しい時代にふさわしい文化生活に憧れながらも、その具体的な生活方法を知らない人々に対して、目に見える具体的な形を示す役割を果たしたのです。

このようにして呉服店は、それぞれに扱い商品を増やし、新しい生活提案を考えながら百貨店としての体裁を整えていきました。

店舗の洋風化と会社組織の導入

店舗デザインにおいても、呉服店から脱皮の動きが現れます。白木屋呉服店は、明治三十六年（一九〇三）に洋風三階建ての店舗を開店します。高島屋呉服店は、明治四十年（一九〇七）に大阪店を洋風店舗に増改築いたします。松屋呉服店は同じ明治四十年（一九〇七）に、「東京でデパートメントストア方式の外観を備えた最初の建物」と言われた三階建て洋風の店を今川橋に新装開店いたします。三越呉服店も、明治四十一年（一九〇八）に三階建て洋風建築の仮営業所を日本橋に新築いたします。大丸呉服店は、通旅籠町の店舗を総銅板造りの洋風店舗に改装いたします。こうして各呉服店は、外観的にも百貨店の体裁を整えて、いよいよ本当の百貨店への道を歩んでいくのです。企業形態においても、明治三十年（一八九七）のそごう呉服店の「合名会社」化を皮切りに、次々と会社組織が取り入れられるようになります。明治三十六年（一九〇三）に松屋呉服店が「合名会社」に、明治三十七年（一九〇四）に三越呉服店が「株式会社」に、明治四十年（一九〇七）に大丸呉服店が「株式合資会社」に、明治四十二年（一九〇七）に高島屋呉服店が「合名会社」に、明治四十三年（一九一〇）にいとう呉服店（松坂屋）が「株式会社」になります。

このようにして従来の呉服店は、

・経営方法においては合理的に
・販売商品においては呉服以外も
・店舗形態においては西洋建築に
・企業形態においては会社組織を

採用するようになるのです。したがいまして「明治維新」が呉服店に迫ったことは、結果的に見れば、「呉服店」から「百貨店」への道を歩ませることであったと言えるのです。日本における百貨店営業開始の歴史は、明治三十七年（一九〇四）十二月の三越呉服店の「デパートメントストア宣言」以外は明確ではありません。各呉服店とも、品揃えや販売方法や店舗外観などが百貨店化の方向に進み出した時を百貨店業開始の時と主張しているからです。しかし三越呉服店は「デパートメントストア宣言」をしたときに「株式会社」になっていますから、各呉服店の株式会社改組の時期を、それぞれの百貨店業開始の時期と見るべきなのかもしれません。とはいえ社名は江戸時代からの「呉服店」のままでしたから、まだ「百貨店」という営業方式が採用されただけということになります。

呉服店の株式会社改組・百貨店営業

開設年月	社名	資本金（単位：万円）
明治37年（一九〇四）12月	三越呉服店	50
明治43年（一九一〇）2月	いとう呉服店	50
大正8年（一九一九）2月	白木屋呉服店	500
3月	松屋呉服店	100
8月	高島屋呉服店	300
12月	十合呉服店	10
大正9年（一九二〇）4月	大丸呉服店	1、200
大正11年（一九二二）2月	十一屋呉服店	100

二　第一次世界大戦がもたらしたもの

今日は帝劇、明日は三越

その後、時代は明治から大正（一九一二～一九二六）へと移ります。そして大正三年（一九一四）に始まった第一次世界大戦によって、日本の経済は一段と発展いたします。日本は交戦国の需要増大と輸出途絶に助けられて、明治以来ほとんど毎年輸入超過であった貿易が輸出超過に転じ、産業界は活気づき、にわか成金が続出いたします。三越呉服店が「スエズ運河以東、第一の建物」といわれたルネッサンス様式の本店新館を開店して、業界で初めてのエスカレーターを設置したのも大正三年（一九一四）です。ちなみに業界初のエレベーターは、白木屋呉服店が明治四十四年（一九一一）に設置しています。

こうして、さまざまな商品が一ヵ所に揃えられた百貨店は、買物に好適な場所として人々に非常な人気を博すのですが、その実、当時の百貨店の顧客層は、「今日は帝劇、明日は三越」という表現からもわかるように、上流階級から中流階級の上層部分である金持ち層が主体でした。この「今日は帝劇、明日は三越」というキャッチフレーズは、三越が帝国劇場と提携して、大正三年から四年にかけて、帝国劇場のプログラムに掲載したものです。

三越のＰＲ誌などの編集を行っていた浜田四郎の作ったこのキャッチフレーズは、同じ浜田の考案になる歌舞伎座のプログラムの広告、「今日は芝居。明日は三越へお出下され」を下敷につくられたものです。後に浜田は、この広告コピーについて、「如何にも浮薄なる文句には相違ないが、当時の千万人、今日は帝劇、明日は三越が彼等の渇望であったに間違ひない。東三越西帝劇の時代である。両者共モダーンな華麗なる殿堂だ。女中なり奥様なり、今日は帝劇明日は三越ならば極楽浄土の再来ともいへやう。従って其反響も甚だ汎く、かくの如く成功せる広告文句は余り類例を見ない」と述べています。それだけに、この広告コピーは反動も大きく、三越をブルジョアの代表と罵る評論が出てきたほどでした。しかし、このコピーの一番注目すべきことは、「百貨店」が「帝劇」と並んで、「大都会の象徴」「都市生活者の憧れの文化的施設」となったことを示している点にあります。このキャッチ・フレーズは人々に広く知れわたり、帝劇に行ったことのない庶民層も、いつかは三越の客として贅沢を味わう日の来ることを願うようになりました。その夢が実現するのは大正中期以降になりますが、そのような願望を当時の人々に持たせたということは、宣伝活動としては大成功であったと言えるのです。

三越は日本の迎賓館

帝国劇場の「創立趣意書」には、「帝国劇場創立は現代緊急の文化事業で、一等国たる大日本が、大に外賓を歓迎するには、此設備なかる可からず、其外芸術奨励の意味においても、皇室より若干の御保護あつて然るべき事であらう」と書かれており、日本のステータスシンボルとして、外国からの賓客の接待や、日本の上流・中流階級の社交場としての役割を果たすことが期待されていたことがわかります。帝国劇場は明治四十四年（一九一一）に落成いたしますが、この帝国劇場の建築様式であるルネッサンス様式は、明治後期から大正時代にかけて多くの呉服店が百貨店化を目指す過程で採用した建築様式でもありました。呉服店は、こうすることによって百貨店としての高級なイメージをつくり出し、当時の知識階層であった上流・中流階級を顧客として摑まえることに成功したのです。なかでも三越呉服店はその代表的な店で、大正三年（一九一四）に開店した本店新館は、帝国劇場と同じ設計者横河民輔によるルネッサンス様式の建物で、日本が世界に誇る劇場と同じ豪華な雰囲気を持っていました。そして、明治三十七年（一九〇四）の「デパートメントストア宣言」以来、三越経営責任者の日比翁助専務が推し進めた路線は、「翁助、不肖なりといえども福沢門下の一人である（中略）三越呉服店は唯もうけただけではいかぬ（中略）もうけて、客の便利を図るのかたわら、永遠的国家的観念をもって経営して国家に貢献する所がなければならぬのである」というものでしたから、日比専務は、三越呉服店を単なる物品販売の場所だけではなく、社会の一流人士の集まる一大社交場にするように努めたのです。その方法として日比は、皇族をはじめ明治の元勲達、東郷元帥をはじめとする陸海軍の将帥を積極的に店に招待したほか、来日した各国の皇族・使節のほとんどを招待するという「国民外交」を展開したうえで、自店のＰＲ誌で宣伝したのです。

「三越呉服店は已に東京の名所である。否、我日本の名所である。紐育、シカゴに行いてワナメーカー、マーシヤルヒールドを訪はざる人なかるべく、倫敦に行いてホワイトレー、ハーローズを観ない人もないでせう、巴里に行てボンマルシエを観ない人もなかるべく、伯林に行てウヰルトハイムで買物をしない人なかるべく、東京に来て我三越に来て買物をしない人がありませうか。であるから我日本に来た国賓も大概一度は我三越を御覧になります」という自信満々のコピーが明治四十年（一九〇七）の『時好』に掲載されています。

こうして三越呉服店は、明治四十年頃には、「三越は第二の国賓接伴所なり」と評されるようになり、「日本の迎賓館」の役割を自ら果たすことによって、プレステージ・イメージを確立することに成功したのです。

三　関東大震災がもたらしたもの

いとう呉服店の活躍

大正十二年（一九二三）九月一日の関東大震災は、日本の呉服店の、いや百貨店営業のその後の在り方に大きな影響を与えました。関東大震災により東京の各呉服店は大損害を受け、建物の倒壊を免れた呉服店も、その後に起こった火災によって焼け落ちてしまいます。こうして、百貨店方式によって上流階級を固定客とし、高級イメージの殿堂となった各呉服店は、再度、一から出直しを迫られることになるのです。

三越呉服店は、防災設備の完備したと考えられていた本店の全焼で、一時は解散説すら出ました。松屋呉服店も解散を考え、一時、全店員を生家に帰らせたほどでした。しかし、ショックから立ち直った各呉服店は、被災者へのサービスとして、市内の各所に臨時営業所を開設して、生活必需品の販売を開始いたします。それは、わずかに焼け残った寄席や倶楽部や会館や劇場であり、急ごしらえのバラック店舗によるものでした。中でも目覚ましい活躍をしたのが「いとう呉服店（松坂屋）」でした。上野の「いとう松坂屋呉服店（上野店）」は、九月一日の地震による倒壊は免れますが、九月二日夜の猛火によって全焼してしまいます。地震によって通信・交通が途絶したため、上野店では直ちに八名の店員を名古屋本社に報告に向かわせます。八名は、ズタズタになった東海道本線を避けて、中央本線を松本まで歩き、動き出した列車に乗って名古屋本社にたどり着いたのでした。一方、名古屋本社でも、九月一日夜、状況把握のため幹部が出発し、中央本線で三日の朝、浦和駅に着き、あとは歩いて上野店に来たのでした。九月三日、東京と名古屋本社間の連絡のため、長野県上田町（現上田市）および埼玉県大宮町（現さいたま市）に中継所を設置いたしました。九月五日、状況が把握できた「いとう呉服店」名古屋本社は、さっそく名古屋本店と大阪店の仕入網を動員して、バケツ、お釜、焜炉、ゆかた、カヤ、布団などの生活必需品を買い集め、上野店に送ったのです。三越呉服店と白木屋呉服店の仕入係が買いに来たのは、それから三日後のことでした。こうした迅速で適切な行動に加えて「いとう呉服店」名古屋本社は、新聞に求人広告を出して人を集め、新たに布団上下一万組を十三日間で作りあげて、荷馬車五十台を動員して港に運び、船で東京へ輸送するという離れ技もやっています。

東京上野の「いとう松坂屋呉服店」も、九月十日には、「罹災店族救護会」を上野店内に設置して、全店員に給料三ヵ月分を支払い、手の届く限りの米、味噌・醤油・衣服などを手配して、店員が安心して店の仕事に取り組めるようにしました。九月十二日には、独身の店員百五十名を名古屋・大阪・京都の各店に臨時転勤させます。そして九月十五日からは、手拭とか石鹸、食器などを入れた慰問袋をつくり、荷車に「松坂屋の慰問班」という旗を掲げて無料で配布して廻ったのです。その数は十万個にもなり、これは業界唯一の市民奉仕として、大きな話題となりました。そのほか、診療所や、お茶のサービス所、通信託送などの救援活動を開始します。この間、東京市庁は市民への物資配給の委託を三越呉服店と白木屋呉服店に交渉いたしますが、両店とも本店の全焼で意気阻喪して引き受けるどころではありませんでした。

そこで、この業務を引き受けたのが上野の「いとう松坂屋呉服店」でした。十月一日には、東京市庁の被災者物資配給の独占委託を受けて、市内各所に「東京市設衣類雑貨臨時市場」を開設し、日用必需品の販売を開始します。その会場は、小学校、町役場、会館などさまざまでしたが、十月一日の小石川、牛込、青山を皮切りに東京全市に及び、最終的には埼玉県下まで、二十七ヵ所に及んだのでした。その一方で上野の「いとう松坂屋呉服店」としても、十月一日より池之端の社宅を仮営業所として営業を再開いたします。

一般大衆の中へ

こうして各呉服店が、各所に臨時店舗を設けて生活必需品の販売という被災者へのサービスを行ったことによって、従来、都市の中央にあった近寄りがたい百貨店という営業形態が、幾つもの小さな店に分かれて一般大衆の中に入り込むことになりました。日本の百貨店は、欧米に比べると日常生活に直結した食料品の比率が高いという特徴がありますが、震災直後の復興努力の過程から、百貨店で食料品を扱うという今日の「日本の百貨店」の原型が出来上がったとも言えるのです。こうしたことが積み重なって、従来、百貨店という営業形態を利用しなかった消費者層も、小さな建物の中で、下駄ばきで買物をする気安さから、百貨店という営業形態に親しみを覚えていくことになるのです。

一方、こうした仮店舗による営業に並行して、各呉服店は急ピッチで店舗の再建を行うのですが、ここで起きた顕著な変化は、長年の慣行であった「下足を廃止」したことと「実用品を扱う」比重が増したことでした。大正十三年（一九二四）十二月一日、銀座に新店舗を開設した「いとう松坂屋呉服店」は、業界初の「全館土足入場制」を実施いたします。そして翌大正十四年（一九二五）五月一日には、従来の「株式会社いとう呉服店」という商号を「株式会社松坂屋」に改めて、「呉服店」の文字を削除してしまいます。この傾向は他店にも及びますが、こうして

・「呉服店」の三文字が削除されたこと
・「下足が廃止」されたこと
・「実用品」の比重が増したこと

の三点は、関東大震災によって百貨店の営業路線が大転換し、「高級化」から「大衆化」へと変化したことを示すものと言えるのです。

商号から「呉服店」の3文字を削除した年月

商号変更年月	旧商号	新商号

大正14年（一九二五）5月　㈱いとう呉服店　㈱松坂屋
昭和3年（一九二八）6月　㈱大丸呉服店　㈱大丸
昭和3年（一九二八）8月　㈱三越呉服店　㈱三越
昭和3年（一九二八）8月　㈱白木屋呉服店　㈱白木屋
昭和5年（一九三〇）12月　㈱高島屋呉服店　㈱高島屋
昭和15年（一九四〇）4月　㈱十合呉服店　㈱十合
昭和23年（一九四八）4月　㈱松屋呉服店　㈱松屋

四　昭和戦前期と戦中期

昭和恐慌がもたらしたもの

時代は変わって昭和の時代に移ります。この時代、百貨店の歴史において、もう一つ特記すべきことが起こりました。いわゆる呉服店から発展してきたのではない百貨店が誕生したことでした。大正末期から昭和にかけての交通機関の発達に伴い、大都市周辺の郊外住宅が開発されて、電鉄会社が駅ビルにおいて百貨店を経営するメリットに気がついたからです。昭和四年（一九二九）四月、阪神急行電鉄株式会社は、阪急ビル第一期工事完成とともに、同ビル内に百貨店を開業いたします。これが、いわゆるターミナル・デパートといわれる「電鉄系百貨店」の始まりになるのです。

ところで、昭和四年（一九二九）十月二十四日にアメリカで始まった世界恐慌は、日本に昭和恐慌を起こさせ、失業者の増加、購買力の低下をもたらします。当然、百貨店の売上げは減少いたしました。それに対して各百貨店は、資本力にものをいわせて、積極的な売上増進策で対抗いたしました。店舗の大型化や、支店の開設による多店舗化に取り組むことによって、「売場面積を拡大」、無料配達地域の拡大や送迎バスの運行をするといった「サービスの強化」、特売や廉売といったディスカウント販売による「動員力の強化」、買いに来てくれないなら、こちらから行こうと「地方都市への出張販売」を連発して生き残りを図ります。こういった、なりふりかまわずの激烈な販売競争を繰り広げたことによって、百貨店は昭和恐慌を生き延びることができました。したがって日本の百貨店は、「関東大震災」と「昭和恐慌」という二大社会環境の変化を背景に、否応なしに「大衆化」の道を歩まざるを得なかったことがわかります。

一方、百貨店の激烈な販売競争は、中小小売商の大反発を招き、反省も生まれました。昭和七年（一九三二）八月、日本百貨店協会は、中小小売商を圧迫するという理由で、「出張売り出しは之を行わない。当分のうち支店分店の新設はしない。囮政策のような廉売方法はやめる。送迎自動車はやめる。無料配達区域は縮小する。毎月一斉に三日間の休業を行う」という自粛を決めるのです。

自由競争から統制へ

その後の日本の経済政策は、昭和六年（一九三一）九月十八日の「満州事変」の進行に伴い統制的傾向が高まり、昭和十一年（一九三六）の「二・二六事件」以後は、特にその動きが強まります。百貨店についても、昭和十二年（一九三七）に「百貨店法」が成立し、各種の統制が加えられるようになりました。このような統制気運の高まりの中においても、百貨店は大衆生活に根を下ろしたことによって、おおむね順調に推移することができたのです。しかし、昭和十三年（一九三八）以降の百貨店は、「百貨店法による統制」と、労務・

物資・資金・物価および設備などの「その他の統制」の、二重の統制下に置かれるのです。そして昭和十六年（一九四一）、日本はハワイ真珠湾を攻撃して太平洋戦争に突入いたします。戦時体制の進展に伴って、百貨店は従業員の応召や徴用の増加によって人手不足になり、物資不足に加えて軍関係への売場の供出など、極めて深刻な打撃をこうむるのです。そして昭和二十年（一九四五）八月十五日の敗戦後、空襲で被害を受けなかった百貨店の店舗は進駐軍によって接収され、戦後になっても百貨店の苦難は続くのです。日本の百貨店が戦前の昭和十三年（一九三八）の水準に復活するためには、売上面では昭和二十八年（一九五三）までの戦後八年間、売場面積では昭和二十九年（一九五四）までの戦後九年間、従業員数では昭和三十二年（一九五七）までの戦後十二年間の年月が必要であったのです。

五　昭和戦後期

花ひらく消費革命

戦後の昭和において、百貨店は消費文化の一大担い手となります。

振り返ってみれば、明治後期から昭和戦前期にかけて活躍した百貨店の経営者達は、欧米の百貨店業界をつぶさに視察して、和風の呉服店を和洋折衷の商品構成の百貨店に変革させました。とはいえ昭和戦前期の百貨店の品揃えは、まだまだ呉服が中心でした。彼等が究極の目標とした洋品中心の百貨店の完成は、昭和三十五年（一九六〇）を過ぎてからでした。戦前の百貨店は、和風から洋風への流れは世の趨勢であると認識していましたから、それに合った経営戦略をとり、すでに申し上げましたように和洋折衷のオリジナル家具や子供用品などの開発に積極的に取り組みました。彼等は、欧米の百貨店を真似するだけではなく、日本人に合った、時代を先取りした消費生活を演出し、人々の生活を変えていったのです。

また、支店開設や出張販売や通信販売などによって、大都市の消費文化を地方へ伝播させる役割を果たしました。

資本主義の発展とともに、中産階級が台頭し、彼等の所得水準も上昇してまいります。その彼等に、上流階級に見られるような「これみよがしの消費」の喜びを与えたのが当時の百貨店の広告戦略でした。そして中産階級への消費の拡大は、さらにその下の庶民層にも消費の夢を与えることになりました。その夢が実現するのは大正時代（一九一二〜一九二六）中期以降になるのですが、潜在的ではあっても、そのような夢を庶民層に抱かせ、彼等を消費者予備軍として百貨店がとらえたことは、戦略としては大成功でした。

こうした、戦前の百貨店がまいた種は、戦中・戦後の二十年間の休眠をへて、昭和三十五年（一九六〇）頃から一斉に花ひらきます。

百貨店の売上高は、TV放送の始まった昭和二十八年（一九五三）に戦前の水準に復帰し、石原慎太郎が『太陽の季節』を発表した昭和三十年（一九五五）の百貨店の売上げは二千十八億円となり、五年後の、カラーテレビの本格放送が始まった昭和三十五年（一九六〇）には四千七十四億円と、倍増をいたします。人々はアイロンなどの小型家電製品が持てるようになり、さらに、洗濯機・白黒テレビ・冷蔵庫という「三種の神器」が急速に普及し始めます。百貨店は、新聞さらに民放テレビにも派手な広告を出すようになりますが、この民放テレビは、昭和三十五年からの高度成長期に、最も貢献した広告媒体でした。百貨店は、このテレビを使った広告活動を通じて「大衆消費社会」の形成に参加したのです。

こうして一九六〇年代（昭和三十五～四十四）に、日本で最初の「大衆消費社会」が誕生いたしました。耐久消費財の消費においては階層的な差はなくなり、上から下まで同じような商品を購入し、使用するようになります。人々は、上流階級やアメリカの消費者と同じ商品を手に入れたことを喜び、新商品に陶酔したのです。こうして日本の百貨店は、欧米のデパートを模倣しながらも、日本人の消費生活の未来を先取りして、「近代都市文化」と「大衆消費社会」を演出し推進してきたのです。その意味で百貨店は、日本における消費革命の重要な担い手であったと言えるのです。

第三章　企業不老長寿の秘訣

一　経営理念は会社の羅針盤

会社の寿命は三十年

百貨店は大変長い歴史を持っています。江戸時代の呉服店をルーツに持つ松坂屋百貨店は、今年（平成十四年）で三百九十三年、三越百貨店は三百三十一年、大丸百貨店が二百八十七年、高島屋百貨店が百七十三年、明治に創業した伊勢丹百貨店でも百十八年の歴史を持っています。一般的に、「会社の寿命は三十年」といわれていますから、各百貨店がこれだけ長く続いているということは、そこに何らかの秘訣があったと思うのです。もちろん、それぞれの時代に働いた方々の大変な努力があったことはわかりますが、一番の理由は各百貨店の存続のための仕組みが正しく機能していたからではないかと私は考えています。その仕組みのポイントは何かというと、「経営理念」です。どんな職業においても、「ルール」というか、「正しいやり方」と「間違ったやり方」が存在します。野球を例にとれば、バッターは、打ったら一塁に向って走らなければなりません。もし三塁に向って走ったとすれば、いくら早く塁に駆け込んだとしてもアウトです。そのように、会社が存続可能なように、進むべき正しい方向とやり方を示しているのが経営理念であり、一つの組織を正しい方向に導いていく「羅針盤」の役割を果すのが経営理念であると考えられるのです。

「経営理念」というのは、「経営綱領」とか「社是社訓」とか、広くは「店歌」や「通達」も含むと思いますが、古くは「創業の理念」「遺訓」「家訓」のたぐいです。百貨店の創業者達は、多くは行商から身を起して、ようやくの思いで店を構えました。そして粒粒辛苦して店を大きくいたしました。歳をとってくると、その店を潰さずに次の代に渡していくためにはどうしたらよいかを考え始めます。そこで、それぞれの言葉で「儲け続けるコツ」や「やって良いこと、悪いこと」などを書き記すようになります。いわゆる「存続のための注意事項」を書き残し始めたのです。

こういった風潮に拍車をかけることになったのが、宝永二年（一七〇五）の「淀屋」の闕所・所払でした。淀屋は、「淀屋橋」という名前が残っているように、大阪の「中之島」を開発した豪商ですが、五代目のときに、非常に贅沢三昧をしたという理由で幕府に取り潰され、追放されてしまうのです。もっとも淀屋が取り潰されたのは、ただ贅沢三昧をしていただけではなくて、十六億七千両という莫大な金を各地の大名に貸し付けていたので、幕府が意図的に取り潰して、その借金を帳消しにしてしまったのが真相であるともいわれています。真偽はともかくとして、「淀屋」取り潰しの話を聞いた商人達は、これを機に、一気に保守主義に走りだします。今までのように自由気ままにやっていたら、いつ取り潰されるかわからないということで、「お上の命令は必ず守る事」を一番最初に書いた「家訓」を作って、「お前達、自重しなさい」ということを子孫に言い残すようになったのです。そういうわけで、一七一六年から一七二〇年という「享保」の頃に流行ったのが「家訓の制定ブーム」でした。もちろん、それ以前も、それ以後に制定された家訓もたくさんあるのですが、こうした理由で、江戸時代の家訓には、享保時代に制定されたものが多いのです。

さて、こういった家訓ですが、古くは「看板」や「暖簾」に書いた文句をはじめとして、

「店内符牒」や「勤務心得」「家長の手紙」「指示書」などが中心でした。こういった「創業の理念」とか「教え」や「戒め」の類から産み出されてきたものが「経営理念」となるのですが、後継者によって引き継がれた経営理念は、それぞれの時代に間違いなく羅針盤の役割を果してきました。その実際のケースを、松坂屋、三越、伊勢丹という百年以上の歴史を持つ三つの百貨店の歩みの中からお話し申し上げたいと思います。

松坂屋百貨店の事例として

まず松坂屋百貨店のケースでは、創業家である伊藤家の「不文家憲」と十三代伊藤祐良の「安政の大地震の際の遺訓」を例に挙げたいと思います。この「不文家憲」は、伊藤家に伝わる不文律の家憲で、それを同家の慣例にのっとって列記しますと、次のようになります。

「不文家憲」

一、義勇公に奉じ堅く国法を守るべし

二、財を私せず積で能く散ずるの徳を履め
三、貧富に因て人を上下する勿れ
四、勤倹家を興し驕奢身を滅す深く省みざる可からず
五、伝来の家業を守り決して投機事業を企つる勿れ
六、家庭の風波は多く主人の邪淫より生ず
　酒色に溺れざれば身家共に全し宜く五戒を遵奉せよ
七、神佛を敬ひ祖先を崇め父母に孝を盡せ
八、物価の高下に拘はらず善良なる物品を仕入れ誠実親切を旨とし利を貪らずして顧客に
　接すべし

次に安政の大地震の際の十三代祐良の遺訓をご紹介いたします。

「十三代祐良　遺訓」
一、天変地異による災害の際は、まず第一に店員を救え
二、次に日ごろ恩顧を受けた顧客、すなわち大衆を救って報恩感謝せよ

三、大きな災害の後には、必ず復興景気の到来があるから商機を逃すな
安政三年（一八五六）

この二つの家憲には、大正十二年（一九二三）関東大震災の際に松坂屋がとった適切な行動のすべての秘密が隠されています。事実、上野の「いとう松坂屋呉服店」が店舗を焼失した被災直後にもかかわらず、この二つの家憲によってあのような国家的な仕事をすることができたのだとすれば、そここそ「経営理念」が見事に「羅針盤」の役割を果たした例といえると思います。しかしそこには、一人の男の孤独で果敢な決断があったからにほかならないのです。

上野の「いとう松坂屋呉服店」は、大正十二年九月一日の地震によっては壊れませんでしたが、二日夜の猛火に類焼して、三日の朝までに焼け落ちてしまいます。このとき、のちに松坂屋百貨店の専務取締役になる北沢平蔵という社員が名古屋から上野に向かっていて、豊橋のあたりで地震に遭遇したというのです。東海道線は静岡より先が不通になりましたが、彼は幸いにも清水港から出る第一便の軍艦に便乗することができて芝浦へ着いたのです。おそらく震災後に一番早く東京へ足を踏み入れた人間の一人であったでしょう。

そして彼は上野店に行き、翌日、東京市役所へ行きました。当時の北沢平蔵がどういう役職立場の社員であったかはわかりませんが、取締になったのが震災から十四年後ですから、まだ若い社員であったはずです。しかし彼は、東京市役所に行って名刺を出して市長と面会していますから、今で言う外商セールスのような仕事をしていたのかもしれません。とにかく、そのときの彼のスタイルは、「シャツ一枚で、下はパンツ、手拭を腰に下げていた」ということですから、そんなに上位職ではなかったようです。名刺を出すと、「まず入れ」と中へ通され、いきなり「君は松坂屋の権限を持って来ているか?」と市長に聞かれたのだそうです。百貨店の社員なら、常日頃から「一人ひとりが会社を代表する気持ちでお客様に接すること」と教育されていますから、彼も「私は、会社を代表して来ております」と答えました。すると、「それならば」ということで、「今、その協議中なのだが、被災した東京市民への物資供給の仕事を松坂屋で引受けてもらいたい」と言い渡されたのです。彼は、まさか、そんなに大変なことを頼まれるとは思っていませんでしたから、「少し、お時間をいただけますか、本社とも相談をいたしましてお返事を」と言いかけたところ、「だから始めに権限はあるかと確かめたではないか」と詰めよられてしまい、ホトホト、困ったことになってしまったわけです。

結論から言いますと、彼は独断で、「お引き受けいたします」と答えたのです。そのときの彼の決断のもととなったのは、伊藤家の「不文家憲」と「十三代祐良の遺訓」でした。彼は、常日頃から繰り返し聞かされていた「この教えに基づいて、お引き受けしてまいりました」と言えば、会社も決して「ノー」とは言わないだろうと思ったのです。会社は彼の判断を認めました。こうして上野の「いとう松坂屋呉服店」は、店舗を全焼しながらも東京市庁の仕事を請け負い、見事に成功させることになるのです。

それではここで、北沢平蔵の決断のもととなった「不文家憲」をもう一度、見てみましょう。この「不文家憲」は非常に珍しい家訓というか、戦国時代の気風を色濃く残した家訓の一つだといえるでしょう。それは第一条です。大抵、「御法度之趣堅く相守可申候」といったような「公儀の法度は必ず守ること」という条文から始まるのが普通なのですが、こちらの第一条は「義勇公に奉じ堅く国法を守るべし」となっております。「義勇」は「自分から進んで国や社会や正義のために尽くすこと」であり、「公に」の「公」は「社会一般」「世間」のことを指します。「奉じ」ることは「たてまつる」「さしあげる」ことを意味しますから、「自分から進んで世間のために尽くし、固く国法を守りなさい」と言っているわけで、これこそ、今回のような非常時に、「率先して、世のため人のために尽くしなさい」ということを意味します。そして八番目には、「物価の高下に拘はらず善良なる物品を仕入れ誠実親切を旨とし利を貪らずして顧客に接すべし」とあり、「その心構え」が説かれています。次に、「十三代祐良の遺訓」の二を見ると、災害の際は「日ごろ恩顧を受けた顧客、すなわち大衆を救って報恩感謝せよ」とあり、まさに「東京市庁の依頼を引き受けて実行しなさい」と、松坂屋が今とるべき行動がズバリ示されているのです。また、この大事業の前に行った「業界唯一の市民奉仕」、すなわち九月十五日から被災者に配った十万個の慰問袋は、この遺訓の二の実践であり、「不文家憲」の二の、「財を私せず積で能く散ずるの徳を履め」の実践であったのです。

「いとう松坂屋呉服店」の「東京市設衣類雑貨臨時市場」は、東京市内はむろんのこと、最終的には埼玉県下にまで及び、全部で二十七ヵ所の臨時市場を二ヵ月間にわたって運営し、震災で欠乏した日用物資を供給し続けたのでした。

北沢平蔵の決断は、東京上野の存在でしかなかった「いとう松坂屋呉服店」を、日本の松坂屋にするきっかけとなりました。経営理念が羅針盤の役を果たした見事な実例の一つです。そして「いとう松坂屋呉服店」は、関東大震災の翌年の大正十三年（一九二四）十二月一日に、震災で集めた人々の信頼に支えられて、銀座街復興のトップを切って銀座に進出いたします。この松坂屋銀座店こそが、日本百貨店史上、最初の「下足を正式に廃止した店」であることは、よく知られている事実です。また、大正十四年（一九二五）五月一日には各店の商号を統一し、それまでの「株式会社いとう呉服店」から「株式会社松坂屋」になり、業界で一番早く「呉服店」の三文字を削除した百貨店となるのです。

三越百貨店の事例として

次に、三越の「現銀安売り掛値なし」が昭和に生かされたケースについてご紹介いたしましょう。この経営理念が打ち出されたのは、天和三年（一六八三）の「越後屋呉服店」時代で、今から三百年以上も前のことでした。この理念が出されてから二百六十二年後の昭和二十年（一九四五）八月十五日、日本は敗戦を迎えます。その時の三越百貨店はどうであったかというと、銀座・仙台・高松の支店は全焼、大連、京城などの海外支店は接収されておりましたが、幸い本店は、幾度も空襲にあいながらも焼失を免れておりました。

戦争は終わり、空襲による生命の危険こそ去りましたが、人々の生活は悪化の一途をたどっておりました。東京をはじめとする大都市は、電気もなければ水もない、文字どおりの焼野原でした。人々は防空壕やバラックで、わずかに雨露をしのいでいたのです。主食の配給は、一日米二合一勺、それも米はほとんど無く、いも・豆粕の類であり、東京では、それすら支給されない日が続いたのです。その一方で、戦時中から潜在的に進行していたインフレが一挙に顕在化し、急激な物価騰貴が始まりました。戦争は終わりましたが、「統制経済」は依然として続いており、物資は極端に不足しています。その一方で、陸海軍が長期戦に備えて備蓄していた「必需物資」がヤミ・ルートに乗り、闇市で売られるようになったのです。闇屋は、かつての百貨店以上の賑いを示しました。闇値は、米について言えば、昭和二十年十月で通常の百三十二倍の値段でした。

こういう状況下で、「公定価格」を維持して百貨店が営業を続けることは至難に近いことでした。三越の戦後の復興は、まず、この横行する闇値との戦いから始まったのです。当時、闇行為は大手を振って横行していましたから、それに手を染めて、三越が儲けることは簡単なことでした。しかし、時の三越社長岩瀬英一郎は、断固としてこの誘惑を退けました。岩瀬はその時、次のように考えたのです。

「社会の混乱に乗じて暴利をむさぼるのは、私利・私欲をみたすものである。三越は、おとろえたといえども、社会の公器である。したがって三越は、私欲ではなく、公利をみたすよう心がけなければならない」

これが岩瀬の経営者としての決断であり、信念であったのです。そして岩瀬は、戦後の混乱期を通じて、この信念を貫き通したのです。昭和二十一年（一九四六）十一月に行われた社員訓辞の中で、岩瀬は次のように言っています。

「三越の今までのあり方というものは、諸君もすでにご存知のとおりでありますが、それは営利本位でなかったために今日の大を成したのであります。これは一に実業道をはずさなかったためであります。これを卑近な例で申しますと、今ヤミで物を流せば高く売れるが、この際三越は自制して、安く仕入れれば、それに規定の口銭を加えて、できるかぎり安く物を売ろうということであります」

こうした岩瀬の、「三越に掛値は無い」という馬鹿正直とも思われる努力に、顧客は正直に反応いたしました。暴利をむさぼるヤミ値と、実情に合わない「公定価格」の間で、「三越のつける価格こそ適正である」とする考えが急速に消費者の間に浸透していったのです。現在、一般に抱かれている「百貨店の商品と価格」に対する信頼感は、この時期に培われたといっても過言ではないのです。こうした決断を行った岩瀬の頭に、二百六十二年前の天和三年（一六八三）に創業者三井高利が打ち出した「現銀安売り掛値なし」という家訓がよぎらなかったと言ったら嘘になるでしょう。多くの困難と誘惑のある中で、岩瀬は、先人の教えを時代に合わせて解釈することによって、三越の進む方向を間違えることなく導いていったのです。まさに「創業の理念」が二百六十二年後になって三越の「羅針盤」となった実例と言えるのです。

伊勢丹百貨店の事例として

次に、伊勢丹の「ファッション・マーチャンダイジング路線」誕生の際のエピソードをご紹介しておきましょう。のちに伊勢丹百貨店専務から松屋百貨店副社長になり、社長として不振に陥っていた松屋百貨店を再建し、会長の時に乞われて東武百貨店社長に就任して「親切一番店」を実現した山中鏆の伊勢丹バイヤー時代の話です。

今から四十四年前の昭和三十五年（一九六〇）、山中はイタリアに買付けに行かされました。まだ伊勢丹百貨店が小さい頃で、海外での知名度はゼロでした。山中の言によれば、「イセタンなんて、海外ではジンタンかランタンの仲間か、と言われるくらい知られていなかった」弱小百貨店の時代でした。当時社内では、伊勢丹が一流百貨店に伍していくためには、今後のマーチャンダイジング路線を、今までの呉服中心から、婦人子供のファッション・マーチャンダイジングに切り替える必要があると考えていました。そこで調べていくと、「ファッションといえばパリ」ということになるのですが、パリのデザイナーは、ほとんどの百貨店が手をつけてしまっています。パリ・ファッション以外で、まだどこの百貨店も手をつけてなくて、それに匹敵するものはないか、ということで、残るはイタリア・ファッションということになったわけです。

その頃の山中鏆は、ろくろく英語もしゃべれないうえに、海外旅行は初めてです。まだ三十代半ばで、課長にもなっていない若輩が買付けに行かされたのは、それくらい伊勢丹が小さくて人材もいなかったからでした。予定では一万ドル買い付ける計画になっていましたが、外国為替管理法の関係で、なかなか外貨が用意できません。当時は外貨が規制を受けており、日本人は一日二十ドルとか三十ドルしか使えない時代でした。あれこれしているうちに出発日が来てしまいました。山中は上司から、「なんとかするから、まず行ってこい。現地には連絡をとって案内してくれる者を手配してあるから、自分自身の目で、ファッションとは何かを勉強して来なさい」と言われて、ろくに金も持たされずにイタリアへ向ったわけです。まだプロペラ飛行機の時代ですから、何十時間もかかってヘトヘトになってローマに着いたのが土曜日の夕方でした。スケジュールを見ると、週明けの月曜の朝から一週間、ビッシリと一時間半おきに、イタリア中の有名ファッション・ハウスにアポイントメントが入っています。山中はお金を持ってきていませんから、「今回は買うつもりはないんだが」と言いますと、現地でコーディネイトしてくれた人が怒りだしました。

「とんでもない。外国では、約束したら約束を守ってくれなければ困る。どこか一ヵ所でも約束を破ったら、この業界では永久に信用がなくなる。今後、伊勢丹が国際的に商売をしていこうと思うなら、今約束を守って金を払わなかったら、今後ヨーロッパ市場では永久に仕事ができないようになります」と言うのです。まさに、会社の将来がかかっているのです。おまけに、「一度とったアポイントメントのキャンセルは絶対に困る」というわけです。行くだけならわけはないのですが、外国では、行った以上は買わないわけにはいかない。向こうは、物を売るために時間をあけて待っているわけです。

山中は金は持っていないのに、着いたとたんに「アポイントメントの約束は守れ、買付けはしろ、金は払え」と言われてしまったのです。もちろん相談する相手など一人もいない。追いつめられた山中は真剣に考えました。ホテルの一室で、買ってきたキャンティの大瓶を抱えて、一晩中飲みながら考えたそうです。

「自分は何のためにイタリアくんだりまで来ているのだろう？　このまま何も買わずに帰ったらどうなるだろうか？　多分、そんなに怒られはしないだろうし、まさか伊勢丹をクビになることはないだろう。しかし、会社が今これだけの外貨を使って自分をここによこしたということは、一体、自分に何を期待しているのだろうか？」

そのうちに山中は、伊勢丹百貨店の店歌を思い出しました。「新興の意気、高らかに、すべてをしのがん、我等の奉仕」と歌うところを、「すべてをしのがん、我等の抱負」というふうに思い出したのだそうです。酔った頭で山中は、「ははぁ、そうか。会社は店歌でも歌わせているじゃないか。伊勢丹という会社は、非常に野心満々としてやっているんだ。すべてをしのぐ我等の抱負が伊勢丹の方針なら、イタリアン・ファッションですべての百貨店を凌ぐのだから、ここは何がなんでも買付けをして他の百貨店を凌ぐようにならなければいけない」と思ったのです。こうして山中は買う決断をいたしました。買うことが会社の方針に違反していないという確信が持てたからです。そこで、一番親しいファッション・ハウスのオーナーに依頼して買付け代金の立替え払いをしてもらい、やっとのことで買付けを済ませたのです。

そのオーナーとは、以前から伊勢丹と交流のあったテキスタイル・デザイナーのコルベルタルド・ディンツェルで、彼女の協力によって山中は、イレーネ・ガリチン、エミリオ・プッチをはじめ、当時のイタリアの主だったデザイナーと会い、サンプルを買うことに成功したのでした。それを日本に持ち帰った山中は、オンワード樫山にパターンを作らせて、昭和三十五年（一九六〇）六月から販売を開始いたします。翌三十六年にはコルベルタルドを招聘して、彼女のプリントデザインによるオリジナル生地を開発して販売いたします。そして昭和三十七年（一九六二）五月、「アリタリア航空のローマ～東京間就航」を記念して、伊勢丹百貨店は大々的なイタリアン・ファッションショーを開催いたします。来日したメンバーは、一流マヌカン五名を引き連れたイタリア・ファッション界を代表するガリチンとプッチの両デザイナーおよび「イタリア流行服協会」会長のジョバンニ・ジョルジョーニのもと、三つのファッション・ハウスが参加するという豪華な顔ぶれでした。ホテル・ニュージャパンのファッション・ショーには、島津貴子さんをはじめ各国大使夫人、著名財界人夫人が多数来場され、国際親善の雰囲気の高まりの中でショーは絶賛を博したのでした。このイタリアン・ファッション・ショーの開催によって、伊勢丹百貨店は日本のファッション界に初めて確実な第一歩を踏み出したのです。

今日、「ファッションの伊勢丹」として名の通っている伊勢丹のファッション路線は、「経営理念」を表した「店歌」によって可能になり、その第一歩は、山中が酔っぱらって「店歌」を思い出したことから始りました。「店歌」は「経営理念」をわかりやすく徹底するために社員に歌わせるものですから、まさしく「会社の方針」です。山中が歌詞を間違えて思い出したとはいえ、正しい歌詞「すべてをしのがん我等の奉仕」の意味も、「とことん、お客さまの得になるように尽くすこと」ですから、どちらであっても正しい判断が下せたことと思います。このように、見知らぬ土地で、相談相手もなく、お金もなく、一人で判断に困ったとき、山中は「店歌」を思い出すことによって判断を誤りませんでした。まさに、経営理念が羅針盤として機能した瞬間であったのです。

経営理念の効果

「経営理念」とは、経営についての考え方が、信念にまで鍛えられ、結晶化されたものであり、社長の分身のようなものだと言えるでしょう。この会社は何のために存在しているのか。この経営をどういう目的で、またどのようなやり方で行っていくのか、という基本の考え方、哲学のことです。『日経ビジネス』一九九五年八月号によりますと、日本で過去二十年間の営業利益の伸び率を調査したところ、経営理念を持っている会社は七・八倍であるのに対して、経営理念を持たない会社は三・六倍と、半分以下の伸び率にとどまっています。また、経営理念を持った会社のほうが、持っていない会社よりも売上高の成長性が高く、経営理念が経営活動に十分活かされている会社のほうが、そうでない会社より売上高の増加傾向が強いこともわかっています。このように経営理念というものは、会社が進む方向を誤らせないための非常に大切なものであり、迷ったときに針路・方角をはかる羅針盤のような役割を果たすものであるということが、三つの百貨店のケースでおわかりいただけたことと思います。

このように日本の百貨店は、それぞれの経営理念のもと、創業以来、今日までの永き企業生命を保って、我々の市民生活をいろいろな面から支える役割を果たしてくれているのです。百貨店各社の歴史を調べていくと、そこには今まで考えもしなかったような、先人達の努力と成功のきっかけが浮かび上がってきます。次章では、その中の幾つかの話をご紹介申し上げて、より百貨店の知識を増やす参考にしていただきたいと考えております。

参考資料（第一部）

1　「アメリカの流通業の歴史に学ぶ」　徳永豊著　中央経済社
2　「百貨店一夕話」　浜田四郎著　日本電報通信社
3　「百貨店の文化史――日本の消費革命」　山本武利・西沢保編　世界思想社
4　『百貨店「文化誌」』　宮野力哉著　日本経済新聞社
5　「百貨店」　松田慎三・坂倉芳明著　有斐閣
6　「百貨店」　土屋好重著　アテネ文庫
7　「現代の百貨店（新版）」　小山周三著　日経文庫
8　「百貨店の話」　日本経済新聞社編　日経文庫
9　「デパートを発明した夫婦」　鹿島茂著　講談社現代新書
10　「ショーウィンドー物語」　高柳美香著　勁草書房
11　「趣味の誕生　百貨店がつくったテイスト」　神野由紀著　勁草書房
12　「百貨店の誕生」　初田亨著　三省堂選書

13 「百貨店ものがたり」 飛田健彦著 国書刊行会
14 「トップ68人の証言でつづる 20世紀日本のファッション」 大内順子・田島由利子著 源流社
15 「モードと身体 ファッション文化の歴史と現在」 京都造形芸術大学編 角川学芸出版
16 「東京紳士服の歩み」 小田喜代治著 東京紳士服工業組合
17 「数字で楽しむ50年・昭和の横顔」 安田信託銀行企画 読売新聞社
18 「昭和マンガ風俗史」 杉浦幸雄・清水勲共著 文芸春秋
19 「服装の歴史」 村上信彦著 理論社
20 「広告の中のニッポン」 中田節子著 ダイヤモンド社
21 「絵のなかの暮らし」 塩川京子著 岩波書店
22 「別冊一億人の昭和史 昭和マンガ史」 毎日新聞社
23 「主婦の友デラックスシリーズ 大正・昭和女性の風俗六十年」 主婦の友社
24 「日本のレトロ・スタイルブック」 織部企画
25 「ビジュアルワイド 図説日本史」 東京書籍

26 「別冊サライ　大特集銀座」　小学館
27 「流行うらがえ史　モンぺからカラス族まで」　うらべ・まこと著　文化服装学院出版局
28 「百貨店のあゆみ」　日本百貨店協会創立50周年記念誌編纂委員会　日本百貨店協会
29 「百貨店の博物誌」　海野弘著　マンスリー　アイプレス（社報伊勢丹）
30 「日本経済叢書」　日本経済叢書刊行会
31 「百貨店とは何か」　中村多聞著　ストアーズ社
32 「ドキュメント　リバティー百貨店」　アリソン・アドバーガム著　愛甲健児訳　パルコ出版
33 「東京ことはじめ」　田中聡著　祥伝社
34 「グレート・マーチャント」　トム・マーニイ、レナード・スローン共著　田島義博、江口紘一共訳　早川書房
35 「百貨店返品制の研究」　江尻弘著　中央経済社
36 「三井高利」　中田易直著　吉川弘文館
37 「もっとカルシウムもっと青野菜」　川島四郎著　新潮文庫

38 「企業不老長寿の秘訣」 神田良・清水聡・北出芳久・岩崎尚人・西野正浩・墨川光博
共著 白桃書房
39 「山本宗二の商人道語録 百貨店人のバイブル」 飛田健彦著 国書刊行会
40 「企業発展の礎となる企業理念の研究」 佐々木直著 産能大学出版部
41 「日本小売業経営史」 社団法人公開経営指導協会編刊
42 「実践経営学」 小川守正 ＰＨＰ文庫

第二部　百貨店おもしろ話——百貨店「顧客満足」の温故知新

第一章　伊藤次郎左衛門祐基

――越後屋より先に「現金掛値なし」を行った男　松坂屋

「現金正札掛値なし」商法の始祖
伊藤次郎左衛門祐基

「尾張名古屋は城で持つ」といわれるように、昔から名古屋の象徴は名古屋城ですし、その天守閣の金鯱は有名です。当時、この雌雄の金鯱に、金無垢の小判一万七千九百七十五両、大判にして千九百四十両が使われたということですから、江戸っ子が小判一枚つかむのにさえ一生かかったという時代を考えれば、これは途方もない金額です。

これほど思い切ったことができる名古屋人とは、一体どのような人たちなのでしょうか。一般的に名古屋と聞けば「消極性・保守性・排他性」が地域の特徴といわれていますし、名古屋人は「貯金・現金・堅実」をモットーに手堅く生きる、最も日本人らしい日本人といわれています。ところが、熊坂長範、石川五右衛門、日本左衛門、柿木金助といった天下の大盗賊は、ことごとくこの地方の出身ですし、天下統一の信長・秀吉・家康の三人もこの地から出ています。まさに日本一の異端者たちであり、日本を代表する革新者たちが揃っているのです。商売の世界では、日本で一番歴史の古い百貨店「松坂屋」の開祖、伊藤次郎左衛門祐基がいます。この祐基は、越後屋呉服店よりもはるかに早く呉服太物の「現金正札掛値なし」商法を実行した人物です。

一般に「現金正札掛値なし」商法は、三越百貨店の前身である越後屋呉服店の三井高利の独創だと思われていますが、決してそうとは言い切れません。たまたま三越の場合は、事実を示すすべての資料が現存していることが強みです。

今日、松坂屋百貨店として知られている「いとう呉服店」は、慶長十六年（一六一一）に初代伊藤源左衛門祐道が名古屋本町に呉服小間物店を開いたのが始まりです。祐道の父は伊藤蘭丸祐広といって、織田信長の小姓でしたが、天正元年（一五七三）に戦死、その後、主君の信長も死んだため、祐道は長い浪人生活を経て、刀を捨てて呉服小間物店を開きます。ところが慶長十九年（一六一四）に大坂冬の陣、元和元年（一六一五）に大坂夏の陣が起こります。祐道にはこれが放っておけませんでした。祐道は人間的義憤から、再び刀をとって大坂方へと走ります。そして大坂城では後藤又兵衛隊に属して戦いますが戦死、あとには妻と幼い子供たちが遺されました。一家は母方の郷里に引きこもって時節を待ち、祐道の創業した呉服小間物店の再建に努めます。

苦節四十四年、やっと念願かなって、「いとう呉服店」二代目となる伊藤次郎左衛門祐基が呉服小間物店を開業して五十日目のことでした。万治三年（一六六〇）一月の名古屋大火、俗に言う左義長火事で新店舗は跡形もなく焼け落ちてしまいます。祐基はすべてを失って茫然自失いたしました。力なくあたりを見ていると、焼け出された人々が集まっては「これからどうしよう。弱り目にたたり目で寒さがいつもより身にしみる」と嘆き合っています。何しろ一月十五日の左義長の日に焼け出されてしまったのですから寒さもひとしおです。そんな被災者たちの会話を聞いているうちに祐基は気が付きます。

「そうか、店はなくとも仕入先は健在だ。いまの自分でも、人さまのお役に立つことができるじゃないか。いま必要なものは、何をさしおいても着るものに違いない」

祐基は京都に人を走らせて、新しい呉服太物だけでなく、大量に古着を仕入れてきて、原価に近い値段で売ったのです。本来は問屋業だったのですが、大火後の緊急事態を見て、一時的に小売業に切り替える判断をした祐基でした。仮店舗でしたが、どの店よりも早く売り出したわけですから、その気になれば大儲けできます。しかし祐基はそれをしませんでした。

「いとう呉服店には安くてよい品が揃っている」

というウワサを聞きつけて、続々と人々が買いに来ました。店は繁盛するし、人々は喜びました。薄利といえども結構商売になります。それにすべてが店頭の現金販売ですから貸し倒れもありません。

「皆さんに喜んでもらってお金が儲かるのだから商売冥利に尽きる」

こうして祐基は、「正札販売・薄利多売・現金掛値なし」という商売の極意に気が付き、「一時の儲けよりも先を考えて商いすること」の重要性を知りました。そして「商売は第一に仕入れ、第二は誠意をもってお客さまに接すること」であり、「商いの秘訣は何よりもお客さまに喜んでもらうことにある」と悟ったのです。その後、「いとう呉服店」が、店ののれんにまで「現金掛値なし」と染め出して営業の根本方針としたのは、この伊藤次郎左衛門祐基の体験から生まれたものなのです。

伊藤家に伝わる家憲をもとにした

五代祐寿制定の「掟書」「別家制度」

こうした祐基の判断と行動の裏には、父祖伝来の不文律の家憲が機能していたことは間違いないと思います。こころみにそれを同家の慣例にのっとって紹介しますと、次のようになります。

一　義勇公に奉じ、堅く国法を守るべし。
二　財を私せず、積で能く散ずるの徳を履め。
三　貧富に因て人を上下する勿れ
四　勤倹家を興し驕奢身を滅す、深く省みざる可からず。
五　伝来の家業を守り、決して投機事業を企つる勿れ。
六　家庭の風波は多く主人の邪淫より生ず、酒食に溺れざれば身家共に全し、宜く五戒を遵奉せよ。
七　神仏を敬ひ、祖先を崇め、父母に孝を盡くせ。
八　物価の高下に拘はらず、善良なる物品を仕入れ、誠実親切を旨とし、利を貪らずして顧客に接すべし。

「いとう呉服店」は、このようにして第二代伊藤次郎左衛門祐基が当時としては革新的な商売の極意を会得し、それ以後、当主は代々「伊藤次郎左衛門」を襲名していくことになります。左義長火事で焼失した店舗は第三代祐蔵が再建と拡大を果たし、第四代祐政は、貞享元年（一六八四）、二十歳で遠い長崎まで行ってオランダ人との交易を企てます。彼は舶来の唐更紗や唐ちりめん（モスリン）などを名古屋へ持ち帰って奇利を博すという進取の商人でした。こうした「いとう呉服店」が、世の中の変化と人々の生活レベルの向上を見極めて、問屋業から小売業に転業したのは五代祐寿の時でした。

祐寿は、元文元年（一七三六）問屋業から小売業に転業するに当たって「掟書」と「別家制度」を定め、二代祐基が万治三年（一六六〇）の左義長火事で会得した商売の極意を「現金掛値なし」に絞り込むと、店ののれんに大書して営業上の根本方針といたしました。こうして「いとう呉服太物現金売り店」は、常に革新的なシステムと商法を取り入れることによって順調な発展を続けていきました。ところが、六代目、七代目、八代目、九代目と当主の早世が相次ぎ、十代目は後室の宇多が継ぐという非常事態が訪れます。士気は落ち営業も不振に陥りますが、十代宇多の必死の陣頭指揮と、五代祐寿の定めた「掟書」と「別家制度」に支えられて、「いとう呉服太物現金売り店」は立ち直ります。そして明和五年（一七六八）第十一代祐恵の時代に上野の「松坂屋呉服店」を買収して念願の江戸進出を果たします。

その後の「いとう松坂屋呉服店」の繁盛ぶりを示すものとしては、天保三年（一八三二）の「天保名府大平鑑」の「なしづくし」に、「茶屋町伊藤のしらべに手ぬかりなし」とありますし、天保十一年（一八四〇）の「名古屋分限立角力」を見ると、第十三代伊藤次郎左衛門祐良が勧進元となっています。さらに興味深いのは、天保十二年（一八四一）の名古屋の金持ち評価「なぞなぞ」という刷り物の中で「いとう松坂屋呉服店」がその一番先に出ていることです。

「伊藤とかけて、仙台銭と解く。心は、田舎できでも日本通用」

仙台で鋳造された貨幣が全国で通用するように、名古屋の「いとう松坂屋呉服店」も全国的な存在であると言っているわけです。このころ既に名古屋本店では現在の商品券に当たる呉服物の預かり証を発行していましたから、この謎なぞが意味しているように、もう既に、「いとう松坂屋呉服店」は日本全国に通用する呉服店となっていたのです。

時代精神を加味して
十四代祐昌が「掟書」を改訂

そして明治三四年（一九〇一）、第十四代祐昌は五代祐寿が定めた「掟書」に時代精神を加味して修正いたします。大変よくできている掟書なので、以下に全文を口語体で紹介しておきます。

元文元年（一七三六）十一月十八日の「呉服太物現金売り店」開店の時に定めた掟書を、世の中の様子も変わってきたので、このたび修正することにした。毎月定日に必ず読み聞かせること。

明治三十四年丑十一月十八日　祐昌

1　この掟書は店のためばかりでなく、銘々の立身出世の基礎となるものである。従って、これを役立たせない者は大きな間違いなのである。

2　当家の前々からの取り決めのことは平生からよく心得て守ること。
3　お客さまがお越しになったら丁寧にあいさつをし、お買い物は何によらずご用の趣きをよく承って、早速品物をご覧に入れること。それがお気に召してお買い上げになったら、なお、そのほかお入り用の品を聞いて、わずかの品であっても決して粗略にしないこと。
4　お買い上げの品物は、残らず書き上げて売り帳に付け、早速入帳に回して勘定の間違いのないようにしなければならない。
5　お誂え物を承ったときは、染め、仕立てなどお好みを聞き、色合い、模様、寸法など直ちに誂物帳に控え、それを一度お客さまの前で読み上げて、約束の期日に間違いなくお渡しできるように心掛けること。
6　お誂え物を承ったときは、必ずお手付金として半金をちょうだいすること。すべての現金売りには現金売りの仕方がなくては、とかく掛け売り同様になりやすいから、その点を十分心掛けなければならない。
7　お客さまに対し無礼や無作法があってはならない。もちろん言葉遣いにも気を付けること。

8　店売り場の者は、常々行儀よく店に居並び、朋輩に睦まじく信をもって商売に当たらなければならない。お得意さまよりご注文書または口上、電話にてご注文のあったときは、早速帳場へ申し出て、帳場においてはご注文の品をすぐさまお届けするよう手配すること。何ぶんにも競争の時代であるから、すべて迅速を旨としなければならない。

9　店売り場の者は、毎朝早く定めの場所につき、万事落ち度なく商いごとをしなければならない。一ヵ所へ集まって世間話をしたり、流行言葉などを使ってはならない。特にお客さまがお帰りになったあとで、善悪にかかわらずお客さまのウワサ話をしてはならない。

10　店売り場の者は、お得意さまよりご用の筋があって、呼び使いが来たときは、帳方へ話し勘定場へ断ってから出掛けること。もちろん私用の外出は一切まかりならない。夜分の外出はなお以てのことである。

11　ご来店のお客さまがお買い物に手間取って食事の時間になることもあるから、その場合は様子を見計らって勝手係へ注文しておき、支度ができ次第お客さまにお勧め申し上げること。

12　古参丁稚・見習丁稚に至るまで、割り付けられたお得意さまに不都合のないよう回らなければならない。

13　お得意さま吉凶のせつは、早速帳場へ話し進物を差し上げ、場合によってはお手伝いに参上すること。

14　外売りの者が品物を預けおくことは一切許さない。もし、やむを得ず預けてくる場合は、その代金をいただいて帰ること。

15　見習丁稚があちこちからご注文をいただいたときは、品物を調べ出し、帳付け役に渡し、持参帳へ付けさせ、その員数を帳場の者に確かめてもらってから持参すること。また、先様で取り次ぎの方を経由してご覧に入れるときは、その品数をよく確かめてお渡しすること。もし持参商品の中にお好みの品がないときは、幾度でも違う品を持参してご覧に入れること。お買い上げ品に寸法などの裁ち違いをしないよう心掛けること。

16　持参方が外出して持参する品々は、細かく注意を払って帳面に付け、その員数を帳場の者の改めを受け、それからそれぞれに渡すこと。また帰店したときは、いちいちその員数を帳面と照らし合わせ、正札の落ちている場合は付け直し、品物に異状を認めたときは、帳場へ申し出ること。預けものをした場合には勘定日以前に処理すること。

17　店の者並びに見習丁稚に至るまで、定めの場所よりほかからは一切上り降りしてはならない。なお、勝手へ行くときは帳場へ断り、勝手札（食券）を忘れぬこと。

18　諸役場および売り場の者が私用で二階その他へ行くときは、その役場のあかぬように心掛けなければならない。そうはいうものの、二階で勝手に休息してはならないが、病気のときはそれぞれ役場へ断って休むことは差し支えない。

19　染め方の者、売り役の者よりお誂え物が回ってきたときは注文書をよく調べ、間違いやすい文字が書いてあったならば、その売り子を呼んで、その文字をただし、読みやすいように書き直させてから、その職々の方へ渡すこと。そして出来上がった品はよく見分けして間違いがないか気を付けること。

20　染め仕立てその他値段に定まりのないものは、なるべくお客さまのお為になるよう取り計らうこと。

21　当方で売った商品やお客さまのお持ちになった品で仕立てを承ったとき、その中から裁ち余りの布が出た場合は忘れずにお渡しすること。この手落ちのためいままでのお得意先を失うこともあるから、帳場においてもよくよく注意し、売り子に手落ちのないよう心掛けなければならない。

22　番頭役は店中および勝手方に至るまで、万事不都合のないように心を配ること。

23　脇役の者は番頭役の指図に従い、番頭役のよき助力者になること。

24　仕入方の諸国仕入物は入念に整え、細かく詳しく勘定すること。それと同時に、店での管理についても、不都合のないよう気を付けること。

25　諸品仕入れについては、なるべく産地の状況をよく調べ、すこぶる抜け目なく立ち働かなければならない。もちろん流行不流行を考えて仕入れなければならないが、どんなによい品物でも売れ遠い不流行の物を仕入れてはならない。

26　新着荷の正札を付けるときは、できるだけ勉強して下値に付けること。どんなに仕入れが上手であっても、あまり高利をむさぼっては天罰を被り、店の不繁盛のもととなる。とにかく商人は正直でなければ永続できない。このことをよくよく心得て、全員が身分の別なく正直誠実に行動し、その役職を大切に守り、昼も夜も油断なく商売に心を入れることが大切である。

27　手代、帳方、中帳場、染め方、持参方、売り場頭の者は、常々お得意先をはじめ諸職人衆（染物屋や仕立屋）へ対し不都合のないように心掛けなければいけない。現在はどちらさまも栄枯盛衰が激しい時世であるから、その点もよく心に留めて注意すること。

28　売り場の者および売り子は、売り切れの品をよく調べ、毎月定日に仕入方に申し出なければならない。なおそのとき、新規注文の品など、時の流行を考えて同様に申し出ること。

29　準手代以下見習丁稚に至るまで、それぞれ申し付けられた役目をよく守って、陰ひなたなく精出し、何事に限らず粗略の行ないのないよう努めなければならない。

30　品物は家業の根本のものであるから、随分注意をして迅速に丁寧に取り扱わなければならない。

31　火の元のこと、昼夜念を入れて注意すること。特にたばこの火種と火鉢は、店じまいの時、必ず消さなければならない。

32　店先へ怪しい者が買い物に来たときは、お互いが合い言葉で知らせ合い、特にその売り子は注意しなければならない。

33　丁稚や見習丁稚が商いまたは使いなどに出たときは、種々の手段をめぐらせて詐欺を働くものがあるから油断をしてはならない。

34　古参の丁稚の者はじめ染め方・見習丁稚に至るまで、途中で珍しいことがあっても決して見物してはならない。

35　すべて諸職人方へ直接注文してはならない。染め方役の者はよくよく注意すること。

36　外出の途中でお得意さまはじめ、本家の方々に出会ったときは、丁寧にごあいさつしなければならない。これらは行儀の一例であって、店の者と会ったときも互いにあいさつをすること。

37　手習いや算盤は、商人たるものの第一のたしなみであるから、夜分暇になったときは稽古をしなければならない。

38　食事の時、勝手で小言を言ってはならない。また食事は増減のないよう食べること。

39　かりそめにも身分不相応なおごりをしてはならない。何人によらず普段は木綿縞の衣類に帯で相応である。何にせよ商人は商人の風格がふさわしく、身分不相応の風俗はかえって見苦しく、かつ自分にも恥ずかしいものである。とかくそういう心の起きたときは、我と我が身に意見をして、おごる心を打ち砕かなければならない。

40　休日に外出したときは日暮れまでに帰店すること。万一、興行物の都合で帰店できないときは、あらかじめその旨を断って行かなければならない。

41　見習丁稚を召し抱えるときは、住所姓名をつぶさに聞きただし請人を取った上で召し抱えなければならない。もちろん途中で暇を取ると言っても許さないことをよく申し聞かせておかなければならない。ただし、親元相続、兵役はこの限りでない。

42　実家帰りは、初めて入店した者は二年目に一度、その後は三年目に一度、三度目からは五年目に一度許可する。なお遠国の者は五年目に一度ずつとし、そのほか親看病または兵役のほかは、いかなる用といえども実家へ行くことは許されない。

43　右掟書きの趣旨を承知して必ず守っていくこと。まず何よりも忠孝は立身の根本であるから、ひたすら身持ちをよく慎み、商売一途に心得て一生懸命に働くことである。

大変長々とご紹介することになってしまいましたが、まことによくできた掟書であり、明治時代の「いとう松坂屋呉服店」の接客、品揃え、仕入れ、検品、会計、販売、人事、教育その他について知ることができるのです。これらによって、日本最古の歴史を持つ「松坂屋百貨店」では、創業時から非常に厳しく商人としてのあり方を定め、店員を教育し、徹底していたことがわかります。このことは、何も知らない新人たちを自社の社風に染めて、よき伝統を形づくっていくことが企業にとっていかに大切であり、企業永続の基になるかということの生きた実例であると思うのです。

参考資料

①「新版店史概要」　㈱松坂屋
②「松坂屋五〇年史」　㈱松坂屋
③「伊藤家伝」　岡戸武平著　中部経済新聞社
④「中京財界史」　杉浦英一著　中部経済新聞社
⑤「明治名古屋の顔」　服部鉦太郎著　六法出版社
⑥「名古屋の本」　中澤天童著　ＰＨＰ研究所
⑦「商売繁盛大鑑」　今田達発行　同朋舎出版
⑧「家憲正鑑」　北原種忠編著　家憲制定会
⑨「大番頭　鬼頭幸七」　鬼頭幸七伝刊行会　松坂屋内
⑩「百貨店ものがたり」　飛田健彦著　国書刊行会
⑪「日本の商人・上方商人の戦略」　堺屋太一概説　ＴＢＳブリタニカ

第二章　大村彦太郎可全

――越後屋に商売のあり方を教えた男　白木屋

江戸時代には、学者ではなく商人みずからの手で書き下ろされた教訓書があります。一つは越後屋の三代目・三井高房が残した『町人考見録』であり、それと双璧をなす名著が白木屋の『独慎俗話』もしくは『白木屋管店書』といわれるものです。『町人考見録』は、京都の豪商たちの没落例を書きつづることによって、越後屋の経営上の戒めとしたもので、集められている事例は四十六家、ほかに業種別の考察として銀座・糸割符・呉服所・両替屋の四つについて記しています。

一方、『独慎俗話』のほうは、別名『白木屋管店書』ともいい、白木屋の主席番頭によって、文化・文政（一九世紀初め）のころに書かれたものです。内容は店員に対する勤めの心得とともに、商売の信義と正しい商人の心構え、あり方を説いたものです。

幕末天保のころ、この書は水戸烈公・徳川斉昭《なりあき》の目に触れ、「この白木屋の番頭のしたためた書は、町人の心得はもちろん、諸士が見てもいいものであるから、相応の町人たちに渡して写させたらどうか」といわれ、世間の評判となり、江戸はもちろん、京、大阪の商家はこぞってこれを書き写して愛読し、家宝としたといいます。

「白木屋」の誕生

白木屋の創業者・大村彦太郎可全《かぜん》の先祖は近江の名家・浅井長政の一族でした。彦太郎は寛永十三年（一六三六）に長浜で生まれましたが、父と早く死に別れたため、母親の実家・河崎家で育つことになります。河崎家は飛騨の材木を京都や大阪に売りさばく材木商で、慶安五年（一六五二）、彦太郎が十七歳になると、大村家を再興するために、京都に材木店を開く援助をしてくれました。

彦太郎は、皮付きの木を「黒木」というのに対し、木材となった木を「白木」ということから屋号を「白木屋」とし、商標は商売に使用する曲尺を交差し、その下に材木業者の第一位になるという意味で一を加えたものに定め、鋭意、大村家の再興に努めたのです。

しかし、独立したとはいえ、実質は河崎家の出店と同じです。まして材木商という商売は投機的性格の強い不安定なものでしたから、いつの日にか安定性の高い呉服・小間物の分野に進出したいと考えておりました。

それから十年がたち、彦太郎は希望に燃えて江戸に向かいます。時代は徳川家の支配も安定期に入った四代将軍・家綱の治世で、彦太郎は十年間の材木商で溜めた銀二十貫を元手に、京都に本拠を置きながら、江戸で小間物の行商を始めるのです。文化十三年（一八一六）に武陽隠士が出した『世事見聞録』の中に、「白木屋といへるも近江国より出てある町人の軒の下にて、世に烟草《たばこ》の始まりしに烟管《きせる》を売り、また京針を商ひたるといふ」とあるのは、このころの白木屋の姿を写したものであると思われます。

こうして寛文二年（一六六二）八月二十四日、彦太郎二十七歳のときに、江戸日本橋二丁目に念願の小間物店が開店の日を迎えます。間口わずか九尺の小店舗でしたが、越後屋より十年早い江戸進出でした。このころの江戸は、町並みもようやく整い、住民の購買力も大いに伸びて、巨大なマーケットが形成されつつありました。

彦太郎の白木屋は、地道に商売に励みながら資本を蓄積し、業態を発展させてまいります。開店三年後の寛文五年（一六六五）には日本橋通り一丁目に店を移転して紙入れに用いる高級裂地《きれじ》を扱い出し、さらに三年後の寛文八年には羽二重地を扱いに加えるという具合で、その後十年たった延宝六年（一六七八）には縮緬・毛氈・紗・綾などの高級品が加わり、翌七年（一六七九）には当時の量販商品である木綿ものも扱うようになりました。

当時の大福帳によると、白木屋の純資産は万治二年（一六五九）で銀四十三貫、寛文九年（一六六九）に銀百二十一貫余、貞享五年（元禄元年・一六八八）に銀五百二十八貫余となって、江戸進出以降に飛躍的な発展を遂げているのがわかります。しかし、その商売における姿勢は決して派手なものではなく、持てる力に応じて一歩一歩扱い商品を拡大していくという地道なものでしたから、「白木屋は手堅い店である」という評価を早くから江戸住民に定着させることになったのです。

こうして順次業績を伸ばしていった彦太郎の手法は、「正直と奉仕」に徹した「薄利多売」の商法であり、それは、彼のつくった教訓歌に明確に示されております。

商ひは　高利をとらず正直に
　よきものを売れ　末は繁盛

この大村彦太郎可全の精神は、二代・彦太郎安全《あんぜん》にもよく受け継がれ、貞享元年（一六八四）に二代目の家督を継いだ安全は、この教えを固く守りながら元禄時代の高度成長期に乗じて白木屋を江戸屈指の大呉服店に育て上げていくのです。元禄二年（一六八九）に五十四歳で初代・彦太郎可全が世を去ると、二代・彦太郎安全は、時流をとらえて、引き続き店舗の拡張、土地家屋の購入、扱い商品の拡大を続けます。しかし彼も、初代以来の地に足のついた商法を固く守り、着実な前進を図っていったので、後に豪商たちの没落のもととなった享保の改革を転機とする低成長時代の到来にも、白木屋の商勢が揺らぐことはありませんでした。

このように、浮世絵師・安藤広重によって「名所江戸百景」の一つとして描かれるほどの大呉服店「白木屋」成立の陰には、創業者・大村彦太郎可全の教えが着実に活かされていたのです。この「商ひは　高利をとらず正直に　よきものを売れ　末は繁盛」の教えを噛みくだいて説明しているのが『独慎俗話』、別名『白木屋管店書』であり、全五巻三十七編を通じて流れる「顧客を第一に考えて努力すれば店も栄え、自らも本格的職業人として成長できる」という精神は、現代にも通じる貴重な教えであると思います。次にその一部をご紹介いたします。

『独慎俗話』の教え

（一）

私は、不思議なご縁によって、このお店にいまだ幼いころ、お目見えのために参上しました。本当に東も西もわからない愚か者をお雇いくださいまして、代々の支配役の方々をはじめ、頭に立った役の方々が皆、ひたすらご奉公を大切に勤めるようにと言いつけてくださったればこそ、少しずつでも覚えて、身にも付きました。こうして長年の間ご恩をいただいてきたのであります。それなのに、自分ひとりの力で成人したかのように思い上がり、また自分に能力があるから立派なお役目を仰せつけられたのだと考えるなど、お天道様の罰をも思わぬ振る舞いをしてきたことは、いまさらのように恥じ入る次第であります。まことに、すべてがご主人のご恩によるものであるとの根本を忘れ、自分を偉い者のように思う誤りを犯すならば、恩を忘れるのは鳥獣と変わらぬとの昔の人の教訓が、そのまま自分に当てはまると気付くのであります。

このように何ら取るところもない私も、長年勤めたというだけで、このように十二分にお取り立ていただき、皆さんの筆頭の役を務め、このお店をお預かりし、商売の道について指導しているということは、考えてみれば恐れ多いことです。というのは、もともと私は不十分な人間なので、万事何かと不行き届きになりがちと存じます。ですから、皆さん方を不快に思わせることも時にはあることと考えられます。そういうときには、得てして店の中のまとまりが乱れることでしょう。

お家の中がごたごたすれば自然と商売もうまくいかなくなり、お家の末永い繁栄も心もとなく思われます。そこでこのたび、私は自分の考えを書き記してみましたから、どうか主だった皆さん方はもちろんのこと、丁稚小僧に至るまで、心を合わせ助け合って、私と同じ気持ちになってくだされば、私の喜びはこの上もありません。

結局のところ、皆さん方が身を粉にして働き続けたときは、お店は繁栄して、取引高も多くなり、皆さん方の手柄ある働きによって、私までもご主人さまの期待に応えられるわけです。皆さん方も天の道にかなうことでありますから、このお店が続く限り忠義の者たちであったという名を残し、人さまの手本とも仰がれて、人間としての面目これに勝ることはないと思われます。

それにつけても愚かな私のことですから、きっと自分勝手なことばかりすることと思われます。

この点、自分のことは自分ではよくわからないものなので、ここであらためて皆さん方にお願いしたいことがあります。

第一に忠節の心が少なく、お達しの趣旨に背いたり、お店の規則を破ったりしてはいまいか。自分の気に入った者ばかり、その人間の器量も考慮せずに、能力不相応の役を与えてはいまいか。または自分に媚びて機嫌を取る者をかわいがり、さほどの業績もないのに序列以上の席を与え、得意・不得意の違いも承知しないままに重要な役目につけてはいないか。忠義の心ある人や実直な人で、お店の役に立つはずの人を、わずかな落ち度を言い立てて、暇を取らせたりしてはいまいか。たとえまじめ一方であっても、下の者を統率していく力量のない人物を支配役にしてはいまいか。自分の親族の者ばかりを出世させて、ほかから来た者には全く目もくれずに、知らぬふりをして放りっぱなしにしてはいないか。そのほか依怙贔屓《えこひいき》でもって、人の正しいことも間違っていると言い曲げてみたり、自分が悪いことをしても、あれは善であったと言いつくろってはいまいか。何ごとにおいても、自分だけ納得すればそれでいいとしてすませてはいまいか。自分ひとりの考えだけで簡単に事を運び、話し合いをしていないことはないか。私どもの気に入った者については、これといって目に付く働きをしたと言い立てるほどのこともないのに、金品などを与えたかと思うと、逆に気に入らない者には、特別の働きがあっても気付かないふりをして心づけなどを与えないままに放ってはいまいか。各部門からの申し出について、その是か非かをも吟味せずに、自分ひとりの意見によって握りつぶしてはいまいか。自分の持ち場の仕事をいい加減にして、今日一日を無駄にしてはいまいか。店に出入りの者たちを、好き嫌いで応接に差を付けてはいまいか。店の定めを破って、よそに一時貸しなどはしていまいか。私どもの出勤の時刻が毎日のように遅れ、夜分はまた帰宅を急いではいまいか。春夏の日長のときは、毎日昼寝などしてはいまいか。時々は仮病を申し立てて欠勤してはいまいか。昼のうち勤務時間中に私用でもって何度も外出し、店を空けてはいまいか。勤め先にては倹約とばかり言って、けちけちし、ところが自分の私宅では贅沢三昧、遊興じみたことをしてはいまいか。毎日の食事において、お菜の好き嫌いをしてはいまいか。台所に働く男衆がお追従をして食物などを私宅に運ぶようにさせてはいまいか。また自分のほうから言って出て不時の珍しい食物を私宅に運ばせてはいまいか。お店の商品をはじめ、日用の紙類やたばこなどを、お店の帳面に記入せずに、無断で私宅に持って帰ってはいまいか。大酒を食らって、身を持ちくずすようなことをしてはいまいか。無計画に生活をふくらませて、お店から借金などを必要以上にしてはいまいか。女色を漁って朝帰りなどというかんばしくないうわさなどありはしまいか。派手好みでよい着物を求め、家ぐるみ風流な嗜好をもっぱらにしてはいまいか。必要でもない道具類を求めてはいまいか。

以上の次第ですが、私の一身上の行状においてもまた取り扱いにおいても、間違っているところがなかったでしょうか。右のほかにも納得できない事柄がもしあるならば、だれでもいい、心ある人は私に意見してくださるようお願いします。至極愚かな私のことですから、折にふれ時によって、皆さんの機嫌を損ねたり、腹を立てたりすることもあるかもしれませんが、それもそのときだけのことで、それを根に持って恨んだりするつもりは少しもありませんから、もしもそのようなことが今後あっても、どうか懲りて黙りこまずに、遠慮なく申し出て話し合ってください。私もまたできるだけ、気を付けるようにいたします。もしもまた面と向かって話しにくく思うときは、書面にして差し出してくださるようお願いします。しかし名前を記すのはどうかと考えるときは、無署名でも構わないから、自分の部署の頭役《かしらやく》まで差し出していただき、そこから私にお渡ししていただいていいのです。

とはいえ、このように書き記したといっても、私自身の品行と勤務成績ばかりをよくして、自分ひとり出世を願うなどという下心は全くありません。ひとえに身分の上下なく打ちとけ、水と魚のように仲よく生活していけば、おのずと家の中が整い、備えも乱れず、お店は万代にもわたって続く福々しいありさまとなって、商売繁盛の基本となることは疑いありません。一同、この趣旨を十分に噛みしめられて、心を一つにするよう願うのでありります。

（二）

町家の商人というものは定まった禄というものがないので、年貢米や給金などをどこからも届けてくれる者はいません。しかし、毎日の商いの中に生じてくる利潤というものがあって、その利潤によって家が代々続くのであります。従って、取引高が次第に大きくなれば、利潤も多くなって、衣服や食物、家の造作、そのほか使用人たちへの心付けなども家法どおりに十分行き渡ります。また逆に、取引高が減ったときは、利潤が少ないので、右に準じて衣食住をはじめ、すべてにおいて家の取り決めより引き下げなければ、どうして安泰にお店の相続ができましょうか。

従って、商家において何よりも大切なのは売上げを増やすことであり、売上げの増減によって、その年々の支出を臨機応変に決めていくことを決まりとすべきであります。売上げの多い少ないにかかわらず、毎年一定の支出額を決めておくことは、お家の永続を危うくするものであると思うものであります。

業績に関係なく同じ待遇を要求するような者は、つまりは自分の利益ばかりを考えて忠義の心もなく、去年と今年を比べては、衣食や手当てが悪くなれば不満を抱き、よくなってもありがたいとも思わず、ご恩というものを少しもわきまえない者で、まことに恐ろしくも恥ずかしい次第であります。

たとえご恩を知らない者であっても、商売が繁盛しないときは、例年のとおりにはいかないことをわきまえて、ひたすら商売に打ち込み、贅沢な心を捨てて、その日その日を雨や霜に当たらず、暑さ寒さを避け、飢えや渇きに苦しまなければこれ以上のことはない、という気持ちになるべきでしょう。

もちろん、このようなことは起こらないでしょうが、仮に家が傾き壁が落ちても、寝起きするところがあればそれでよろしい、粗末な綿布の着物でも肌さえ隠れればそれでよい、粗末な飯やお菜でも、うまいまずいは舌三寸の上だけのこと、腹に入れば同じことだと心得るなど、万事につけて不満を捨てるようにするならば、ものごとの真実がわかってきて、おのずから天のお恵みを受け、お家は安泰に永続して、あなた方も幸福を得られるに相違ありません。

（三）

商売のことは、多少を問わないことは当然ですが、大口の商いには自然と精も出て、相手との交渉にも気を付けるので、失敗することはめったにないものです。ところが、とかく小さい商いはおろそかにして身を入れて行なわないので、商人の第一に心がけることは、少ない商いをこそ大事にすることであると考えます。そのわけは先に述べたとおりで、商家というものは、どこからも貢いでくれるところはないのですから、ほんの小さな小売り商いであっても、それによって家内大勢の者が生活を立てていく助けになるのです。

人生の根本は何かと言えば、まず命が大切であります。死んでしまっては、どのような望みがあってもどうしようもなく、立身出世したとしても何にもならないことです。そうであれば、お客さまこそが自分の命を養ってくださっている大本《おおもと》であるので、そのご恩を重々知っておいて、商い高の多少によって差別するということがあってはなりません。世間のことわざにも「塵も積もれば山となる」とあるとおりで、日々の小さな売上高でも半年積み上げたときは、大層な売り高になるものです。ですから、おろそかにするはずはないものですが、とかく人間というものは当面のことだけに目がいくもので、第一に商いの少ないことで軽く見、第二に使いが女や子供であると見下してしまうことがあって、思わず知らず応接も粗略にしてしまうことも、きっとあるはずです。

何事によらず、我が身のこととして考えてみないと、よくわからないものです。まず皆さんが買い物をするとき、よそに行っても、多くの買い物をするときは得意な気分で横柄に無茶な値切り方などをするものですが、小さな買い物をしたときは、何だか卑下したような気分になり、先方の言いなりになってしまうものです。とはいえ、その店の客あしらいや言葉遣いのよし悪しについては、帰宅してからあれこれ批評するものです。そのようによそから当店に買い物に来てくださった方も、お気持ちは同じですから、必ず当方の客あしらいについても、よし悪しにつけて口の端に乗るものですから、何にせよ世間さまのご評判がよくなるように仕向けてさしあげたいものです。

結局のところ、私たち一同が今日こうして生きているということの源は、お客さまなのですから、少しの買い物に来てくださる人も、自分の命を養ってくださるために来てくださったのだと、ご恩を深く感じて、ありがとうございましたとお礼申し上げて、お帰しするようにすれば、自然とぞんざいなもてなしをすることもなく、不作法なことをしでかすこともありません。先さまも気持ちよいので評判ともなり、よいうわさになることですから、商いの大小によって差別せず、丁重に平等におもてなししてください。何事であろうと、お店の名に傷が付かないだろうか、のれんを汚すようなことがないかと、それればかりを皆々心にかけて、諸事万端気を付けてください。（現代語訳『商売繁盛大鑑』より）

『独慎俗話』の教えが三越の基礎をつくる

いかがでしたでしょうか。現代の経営にも通じる数多くのヒントが得られたことと思います。この教訓書を参考にして発展した店はたくさんありますが、その中の最大の成功者は同業呉服店の越後屋でした。京都三井本店の記録には「天保十一年（一八四〇）に商用で江戸に出た中塚徳次郎長久が書き写した『独慎俗話』と本の外箱に書かれており、大正十四年七月三十一日に三越呉服店より発行された『独慎俗話』の「序」には、次のように解説が付けられております。

《『独慎俗話』と言ふは三越の前身三井家の蔵書にして其内容は仁義五常の人倫より店員たるものの心掛を通俗に而かも懇切に書認められたるものにして、其当時毎月店員一同を集め上役のものよりこれを読み聞かせ店員の修養に努められたるもの也。当時の店員又よくこの書の精神を服膺して今日の三越の基礎を作られたるなり。

而してこの貴重な歴史ある書の写本がゆくりなくも京都支店にある事を発見し、これを本店に移すことを得たり。今これを繙読するに時世の変遷に随ふて文章、用語の差異こそあれ、説かるる處の精神に至っては少しも異なる處なく、今日の三越の店員が座右の宝鑑として熟読するに適当のものなるを以て、今これを縮刷して篤志の方々に頒つこととせり。云々》

このように大村彦太郎可全の教えは、今日の大「三越」の基礎をつくる基となっていたのです。

参考資料

① 「百貨店ものがたり」　飛田健彦著　国書刊行会
② 「白木屋三百年史」　㈱白木屋
③ 「独慎俗話」　三越呉服店内呉月会
④ 「商売繁盛大鑑」　今田達発行　同朋舎出版

⑤「商家の家訓」　吉田豊編訳　徳間書店
⑥「江戸豪商一〇〇話」　萩原裕雄著　立風書房
⑦「川柳江戸名物図絵」　花咲一男著　三樹書房
⑧「世事見聞録」　武陽隠士著　岩波文庫
⑨「国史大辞典」　国史大辞典編集委員会　吉川弘文館
⑩「国書総目録」　国書研究会　岩波書店

第三章　三井八郎兵衛高利
――いまから三百年以上前に「アウトレット」商法を実行した男　三越

江戸時代の後期、大坂・京都・江戸には三井・鴻池・大丸・白木屋をはじめ、世に知られる豪商たちあるいは近江商人・伊勢商人の大店《おおだな》が次々と開設され、さらにそれらは地方に支店網を持つようになりました。

現在の三越百貨店の前身である越後屋の創始者三井八郎兵衛高利は、元和八年（一六二二）伊勢国松坂に生まれています。同家は、もと佐々木氏に仕える武士でありましたが、高利の祖父三井越後守高安の代に佐々木氏が織田信長によって滅ぼされたので、やむなく伊勢に移り住み、高利の父高俊の代には松坂で質屋と酒・味噌商を営む商人になっておりました。高利は、父高俊・母珠法の間に生まれた四男四女の末っ子で、早くから江戸進出の希望を持っておりましたが、先に江戸で店を開いていた長兄俊次の反対のため、やむなく郷里の松坂で金融業を営んでいたのです。

延宝元年（一六七三）兄の死によって障害のなくなった高利は、直ちに江戸出店を決意し、京都室町薬師に呉服仕入店を、江戸本町一丁目に呉服店を開設いたします。そして京に長男の高平を、江戸には次男の高富を常駐させて、自身は松坂を本拠として金融業を営みながら三店の間を往復して全体の指揮をとりました。この金融部門が三井銀行の、呉服部門が三越百貨店の前身であることは皆さんよくご存じのとおりです。

越後屋の急速成長を支えた「定め」と「店式目」

越後屋と号した高利の呉服店は、間口九尺、使用人十人足らずという小さな規模でしたが、どういうわけか居並ぶ老舗呉服店を尻目に、あっという間に急成長を遂げてしまいます。そこには、消費の主体が武士から町人へ移行しつつあるというマーケットの変化にいち早く気が付き、時代の求めに合致した新しい販売方法を採用した高利の革新商法がありました。しかし、その陰に高利が江戸店に送って、店員一同に署名捺印まで求めた「定め」と、二年後の「店式目」、三年目の「店式目」があったことを忘れてはなりません。

それでは延宝元年（一六七三）八月十日に高利が江戸店一同あてに送った最初の店則であ

る「定め」の全文を見ていただくことにいたします。現代語訳に当たっては、同朋舎刊・今田達発行『商売繁盛大鑑』、ビジネス社刊・山本育著『三井の創業者精神』、吉川弘文館刊・中田易直著『三井高利』を参考にしました。

「定め」

一、御公儀様が出された御法度はすべて固く守ること。
一、勝負ごとは、一銭たりともしてはならないこと。
一、手代は身元保証人になったり、口利きをして保証に立つことを固く禁ずること。
一、手代については申すまでもなく、下男に至るまで保証人がいない者は採用を禁ずること。ただし、初めて採用した者は、三日ないし五日の間は猶予する。しかし、長期間雇う者であれば、できるだけ早く保証書を提出させること。
一、手代のうちで油断なく仕事に精を出している者については半年ごとに報告すること。
一、一ヵ年間相変わらず勤めた者には褒美を与えること。
一、手代が自分勝手に無断で親類や知人などに掛売りをしてはならないこと。ただし、相談の上で一同が納得したときは、その限りでないこと。

一、手代同士で喧嘩をすることを禁ずること。もしも、喧嘩をした場合は、主だった立場の者が仲裁してなだめること。同輩の中に一人でも悪い者がいれば、それはすべて商売の害になるもとであるから、ひまを出してしまうこと。

一、手代の店内での個人的な金銭の所持を禁ずること。金銭は勤務先の店の主人に預けること。もしも、この掟に逆らって所持する者は、私欲と同じことであるから早々にひまを出すこと。どうしても必要な場合には、当然なのだから、その分は与えること。

一、遊女を買うことを禁ずること。なお、世間から少しでも悪いとうわさされる友達と、親しく言葉を交わすことを禁ずること。

一、いかなる物品も、無断で預かってはならないこと。

一、昼夜の別なく、商売外のことで無断外出することを固く禁ずること。

一、断ってどこかへ外出するとしても、外出先から断りを入れるようなことがあってはならない。

一、武家屋敷に対して掛売りを一切してはならないこと。ただし、店頭で販売などをしたとき一日か二日そのまま置いておくことは差し支えないこと。しかし、屋敷に商品を持参し、それを掛売りにした場合は、販売した者の責任で回収するものとし、その者の小遣いの中に使った小遣い分として、その額をつけておくこと。武家屋敷に参上して販売するとしても、普段家にいるときの服装で行き、支配人に至るまでそのようにすること。

一、服装は木綿の着物に木綿帯を着用のこと。他の物品の着用は禁じる。身のたしなみとして自宅から持参していても、絹の着物は古い袷二着と一重一着以外は所持しないようにすべきこと。木綿の着物でも人目を引くような目立つ色柄は禁ずること。

一、小遣い支給の件。不当に金遣いが荒い者に対し、定め以外に多額の支給をしてはならない。もし、特別に入用なことがあれば、理由をよく聞いて、主だった立場の者が相談の上で支給すること。

一、行商用の商品がなくなったときは、調査の上その担当者の責任とし、小遣い支給時にその中から返済させること。在庫帳の数量が合わないときは、支配人の責任とし、小遣い支給時にその中から返済させること。

一、わずかなものでも手代が内密の商売をすることは固く禁ずること。

一、呉服物委託の行商人は、よく調査して雇った者でも、その人の勝手に行商をさせてはならない。その人には、こちらからよく指図をして行商に行かせること。

一、内緒で身寄りの者や知人から借金をして使用することを禁ずること。

一、丁稚たちが不良友達と付き合っているのはもちろんのこと、遊女に狂ったとか賭博に一銭でも賭けたとかを知った者は、直ちに京都まで報告すること。同僚がたくさんいる以上、少しでもそういう行為のあるときは、縁を切り追放すること。もし、支配人であっても、店を持っている者が相談して、このことを隠して報告しなかったときはその者も同罪として処罰すること。

一、丁稚は言うまでもなく、手代も商売上必要だからといって、賭博や女郎買いは一切禁ずること。どんなに儲かる商売につながるとしても無用である。もし、この件に違反した者は追放すること。

一、疑わしい商品の仕入れは、たとえ買う人がいても、仕入れを禁ずること。

一、呉服仲間へ売る際に、駆け引きにより回収期間を延ばして売ってはならないこと。お客さまに対しても販売する前からこのことはきちんと申し上げておくこと。その上で売掛金の支払いが遅れた場合は、たとえ今後の取引が絶えても、督促して売掛金を取り立てること。そうでないと、前貸し金になってしまうので、よく調査した上で、商売を行なうこと。販売額が少額であっても支払いの悪いところからは商品を引き上げ、どんな掛売りもしないこと。
一、委託販売の行商人同士の取引はいけない。それは店の者の売掛けより問題である。たとえ委託販売の行商人の素性が確かであっても、店の者が売るよりも念を入れて、朝に晩にその行商人の売り先を調べること。仲間同士の取引をさせてはならない。その者が行商をしている途中で、不幸にも死亡してしまったりすると、いくら保証人があっても、当方に難儀が降りかかることになる。
一、手代たちは店内で、毎月一日、十五日、二十八日の三度、夜に集まり、江戸の町家の得意先への訪問販売、呉服仲間売り、店先販売について話し合うこと。日取りはその店で決定することとするが、雨などが降る晩など、毎月三度ずつ商いの打ち合わせをすること。

右のことは必ず順守すべきことです。一同が承諾したという届けがあったら、一人ひとり連判すること。ここに書かれていることに一つでも違反した場合は、一日も雇っておくことなどできません。連判をして誓ってもらうことは以上のとおりです。

延宝元年丑（一六七三）八月十日

伊勢　三井八郎兵衛
江戸一丁目店一同様

この「定め」を見ると、その内容は大変具体的であり、店員一人ひとりに直接署名捺印することまで求めて徹底を図っていることで、高利がいかにこの「定め」を重要視していたかがわかります。

ということは、現代から見れば大変レベルが低い内容のように思えても、当時の越後屋においては、これらのことを事細かに指示をして守らせることが、何よりも必要であったということです。このことは多分、開業に当たっては、有能な人材よりは安く雇える人のみを採用して、何しろ当面開店のための員数だけを揃えて、その後は規律の維持によって高付加価値を生み出す努力をせざるを得なかったという、資金不足の越後屋の苦しい開店事情があったことが推察できるのです。

そういった悪条件にもめげず高利は、これからご紹介するもろもろの革新的販売方法の展開によって広く江戸の民衆にマーケットを広げていきました。

「諸国商人売り」で取引量の拡大

当時は、言うまでもなく、江戸が政治の中心地ですから、徳川幕府に従う三百諸侯が邸宅を構えて妻子を住まわせるとともに、参勤交代によって多くの家臣たちが入れかわり立ちかわり出てきては勤務するところでした。従って江戸は一大消費都市として消費需要が増大し、その需要を満たすために多くの商人たちが集まってきて、商業が発達するとともに、また人口が増加していったのです。

越後屋が開店したころの江戸の中心商店街は、常盤橋御門から大伝馬町に通じる本町通りで、本町一丁目・二丁目・三丁目・四丁目には数十軒の呉服店が立ち並び、中には間口が十間を超える大呉服店もありました。そういう中に開店した越後屋は、本町一丁目という場所ではありましたが、間口九尺の借店で、使用人は十人足らずという、吹けば飛ぶような小店舗だったのです。

当時一流の呉服店では、あらかじめ得意先を回って注文を聞き、後で好みの品物を持参するという「見世物商い《みせものあきない》」と、商品を得意先に持参して売る「屋敷売り」という商売の仕方が主体でした。そして代金の支払いは六月と十二月の「二節期払い《にせっきばらい》」か、十二月一度の「極月払い《ごくげつばらい》」による「掛売り」が慣例となっておりました。このようなやり方は、主に大名や武士、それに大きな商家を顧客とする大呉服店のやる商売のやり方でした。これに対して高利の越後屋は、こういった一流顧客ゼロの状態でスタートしたわけですから、見栄も外聞もなく売上向上に取り組まなければならない懐具合があったのです。

高利はまず、他の店ではまだ試みられていなかった「諸国商人売り《しょこくあきんどう》」というのを始めました。これは、諸国から江戸に仕入れに来る商人相手の現金取引による卸売りのことです。取引上の観点だけからいえば、直接お客さまと取引をするほうが利潤が大きくて有利なのですが、何しろ越後屋には、行きたくても「見世物商い」や「屋敷売り」をするお客さまがいなかったのです。高利がやむを得ず踏み切った同業者に対する現金販売の卸売りは、高利のとった良品廉価政策と相まって、取引量が飛躍的に増大いたしました。利潤は薄かったものの、この同業者売りの新商法は越後屋の営業に大きな利益をもたらすことになります。

現金即金払いを実現させた「店前売り」「切り売り」

次に高利が実行に移したのは「店前売り《たなさき》」でした。この「店前売り」は、親類の大呉服店「伊豆蔵」方で試みられていたやり方で、それを幼少のころに高利が学びとっていたものでした。いずれにせよ従来からの呉服商売は、「見世物商い」と「屋敷売り」による「掛売り」が商慣習となっておりましたから、資金が長期間にわたって寝かされると、場合によっては売掛金が回収不能になり、大きな損失を被るといった危険がありました。その結果として、商品の値段は大変高額に付けられていたのです。

高利は、このような顧客に対する不公平と、経営上の不利益な商慣習や矛盾に着目し、店先で小売販売を行ない、その取引はすべて現金販売とすることで、従来の商法に付きまとっていたリスクや矛盾を一掃してしまったのです。

それと同時に高利が実行したのは「物の自由に売渡し」といわれている反物の「切り売り」商法でした。当時、呉服の生地というのは、武家や裕福な商家に一反単位で掛売りされるものでしたから、呉服の生地を手芸用にほんの少しだけ欲しいと思っても、自分の着物を仕立てた後の端切れしか入手方法はなかったのです。そしてそのように小さいサイズのものは、どこの呉服店でも売っておりませんでした。この呉服の反物の切り売り商法は、風呂好きの越後屋の手代の話がヒントになったといいます。

この手代は暇さえあると湯屋に行き、羽目板ごしに聞こえてくる女湯の話を聞いては楽しむのが趣味でした。女湯から聞こえてくる話はいろいろありましたが、着物を仕立てた後の「端切れ」についての話がよく出ておりました。

その当時、女性たちの間では、端切れを使って袋物とか、ちょっとした装飾品とか、人形やお手玉などをつくるのがはやっていたのです。ところが、それに使うような小さな布地など、どこの呉服屋を探しても売ってはおりません。売っていない以上、それを手に入れるのには交換しかないのです。その商談を互いにつける場所が女湯の湯舟の中であったということです。

この話を小耳にはさんだ高利が、お客さまのご要望に合わせて反物を切り売りすることに踏み切るまで、さほど時間はかかりませんでした。こうして風呂敷一枚分、手拭い一本分の大きさであっても切り売りしますということで、越後屋呉服店のマーケットは広く江戸庶民一般にまで広がっていきました。

こうした切り売りや店前売りという商売の仕方は、既に場末の小さな店では日常的に行なわれていたものでしたが、本町通りのような商店街の中央に位置する呉服店では商人の面目にかかわるものとして、どの店でも行なっていなかったものでした。高利は、そのような場所柄にもかかわらず、敢然として店前売りを実施し、通りがかりのお客さまを相手にして、自由に切り売りをし、現金販売を始めたのです。

この方法は「見世物商い」や「屋敷売り」とは異なり、常にバラエティに富んだ多数の商品を店内に揃えておかなければならないという問題がありましたが、その反面、店先で商売ができるということで、経費の節約になり、おまけに現金取引ですから貸し倒れもなく、資金の回転が上がり、その一方で仕入先に対しては従来どおりの二節期払いで済みましたから、資金はさらに数倍にも活用することができたのです。このことは多量の商品が越後屋に入ってくることになり、常に新しい流行の商品が店頭に並ぶようになったのです。

専門性とお客の利便性を高めた「一人一色の役目」と「即日仕立て売り」

このほか高利は、「一人一色の役目」といって、羽二重とか麻とかそれぞれの商品に精通する専門の店員を置き、一種の商品別の分業制をとって業務の能率を高めると同時に、お客さまが本当に納得のいく商品を安心して買えるようにしたのです。

高利の五つ目の革新商法は、「即座に仕立ててこれを渡し」といわれている、その場で裁断して着物を仕立てる「即日仕立て売り」を実行したことです。せっかちな江戸の庶民にとっては、これがまた人気の的となり、越後屋には常に数十人の専属裁断師が待機するというありさまでした。

時代に先駆けたＰＲ商法「宣伝売り」

高利の革新商法の第六は「宣伝売り」といわれるものです。この当時の呉服商としては、三井高利ぐらい商売に宣伝の力を活用した者はいないと思います。天和三年（一六八三）に江戸中にまき散らしたチラシの文面は次のとおりです。

「駿河町の越後屋八郎右衛門からお知らせ申し上げます。この度、私どもが工夫を重ねましたところ、呉服物に限らず、何でも破格の安値で売ることが可能になりました。ぜひとも当店までお出掛けの上、お買い上げくださるようご案内申し上げます。どなたさまにも配達はいたしません。また、当店での安値販売は一銭の掛け値もいたしておりませんので、お値切りあそばされても値引きはいたしません。もちろん代金は即金でお支払いくださるようお願いいたします。たとえ一銭であっても掛売りはいたしません。　　　　以上

呉服物現金安売り掛値なし　駿河町二丁目越後屋八郎右衛門」

この中には、①廉価、②店頭売り、③掛値なしの定価販売、④即金払い、という当時としては革新的な販売方法が見事に盛り込まれています。このほか高利は、店名入りの雨傘を貸し出したり、芝居の役者のセリフに越後屋の名前を織り込んで言わせたりして、積極的に江戸中に店名を売り込んだのです。

このように旧来の呉服商たちから異端視されながらも、江戸の庶民に心から喜ばれる革新商法を次々と実行し、それを強力に宣伝していったことによって、三井高利の越後屋呉服店は急速に売上げを伸ばしていきます。

そうして二年がたったとき、高利は従来の店則に追加して第二の店則を江戸へ送ります。そしてその翌年にも第三の店則が送られてきたのです。順調に売上げが伸び、顧客も増え続けている中で、一体何が高利の問題意識を動かしたのでしょうか。

次々定められた二つの「店式目」

それでは、第二の店則である延宝三年の「店式目」と第三の店則である延宝四年の「店式目」を見ながら、その理由を考えていきたいと思います。

店式目（延宝三年）

一、親に孝行すべきこと。ただし、たとえ親がこの世を去ってもいつまでも存命中同様その気持ちをなくしてはなりません。親孝行な人は主人に対して忠勤を励み、商売においても油断なく勤めますが、それは孝行のいたすところです。

一、兄は弟をいつくしみ弟は兄を敬い、互いに太陽と月のように補完し助け合うこと。この二つの道に背く者は不孝の極みであります。

一、思うようにならないからといって大酒を飲むことは固く禁ずること。少しでも酔ってしまう者に至っては、すべきことではありません。

一、棚卸集計の件、冬および夏の決算状況は、いつでも報告できるように整理し検討しておくこと。在庫は六月と十一月と年に二度棚卸表を作成して、報告をよこすこと。会計の役付をその責任者に申し付けること。
一、毎年四月、五月、十一月、十二月の四ヵ月ごとに、値入れ率の高い商品を区別し、富沢町へ持参して、どれだけ時節はずれの物として扱われようと、売り払ってしまうこと。
一、本来の商売以外に、自分勝手な判断で買いだめしたり、ほかの商売を手掛けることは一切禁じます。
一、当方に集まった金がたくさんあって、必要分の両替をした以外に貸し付けできる金があるときは、中川清三郎殿（高利の妻の甥で江戸日本橋に店を持っていた両替商）と相談した上で貸し付けすること。清三郎殿が留守のときは手代の店主代行と相談すること。
一、神仏をお参りすると言って悪事をする者がいるので、このことに気を付けること。
一、春秋の二期に上半身下半身各五ヵ所ずつ灸をすること。それ以上は望み次第でいくらでもされること。
一、手代たちが病気になって、薬を三服ないし五服を服用しても元気が出ないようでしたら、五日でも十日でも医師に診察してもらうこと。回復しなければ様子を見て医師を替えてみなさい。多くの病は薬無用です。

一、病気が長引くような者がいたら、早々に上方に帰らせること。

一、鍼を上手に立てる者、私も一人知っていますが効果があるようです。常に鍼を打って養生しなさい。

一、方々から競り買いに来る人が多いときは、一つの人だかりに一人ずつよく注意が行き届く者を監視役として店にいさせるようにしなさい。そうしないと紛失物が多く出る原因になるといいます。

一、店頭売りは能狂言と同じようなものです。第一に脇役がよくなくては商売がうまくいきません。ですから、商売は周りの者が太鼓や笛ではやし立てるように協力することが大切です。お互いに助け合うことを、朝晩心にかけておいてください。

右のとおり心掛け遵守してください。以上

延宝三年（一六七五）八月二十五日

伊勢　三井八郎兵衛

江戸店一同様

店式目（延宝四年）

以前から申し渡していますことと同じこともございますが、ふたたび書面にて申し渡します。

一、店先売りはもちろんのこと、訪問販売や同業呉服店向けの販売にも大いに精を出すこと。

一、外部に商売に出向く者は、店の者に売物帳に書き込んでもらい、よく改めてもらった商品を持って外出すること。また帰ってきたら商品をよく改めてもらい、その日のうちに売物帳の消し込みを行なうこと。

一、手代のうちで外売り担当者は当然のことですが、店内で仕事をする者も、売上金の着服や内密の内職商いを一銭たりともしてはなりません。

一、売掛金を扱った者は、油断せずに期日にきちんと回収すること。また現金返済の期限の来たものは、催促してその期日に取り立てなければなりません。気を許して回収を延期すれば後に貸し倒れとなります。

一、掛金回収担当者は当然のことながら、外売り担当者も得意先で代金を回収した者は、当日どんなに忙しくともその日のうちに必ず代金を出納担当者に手渡し、記帳した上で帳簿と突き合わせすること。

一、現金受取帳に記入する者もどんなに忙しくてもよく調査した上で記帳すること。
一、店先販売による売上帳は月に三度、算盤を入れ確認すること。
一、店の商品は、どんなものでも傷めぬよう、丁寧に取り扱うこと。
一、売り物の中で、傷んだ物は、より出して大型の箱に集めて入れておくようにし、よく相談の上で安くてもよいから処分すること。
一、何によらず、品物がたくさんあって、その上三十日も売れていないような商品はよく見計らって処分すること。また京都での仕入れ値より損になるものについてはよく相談の上で処分してしまうこと。
一、手代が外売りに出掛けた際に、いかがわしいところへ出入りすることを固く禁ずること。
一、手代の関係者でお見舞いしなければならない方があるとき、商用関係者は当然、私的関係者でも仕事に差し支えない範囲で上司の許可を得て行かれること。
一、手代の親類縁者は当然のこと、国元の知り合いだからといっても掛売りは一銭でもしてはなりません。「一晩だけ貸してくれ」と言うことも固く禁ずること。すべて現金取引にすること。

手代たちの親戚が面会に来られたとき、店から外に出て通りや店の表や裏で面会させる必要はありません。店内の商売に差し支えないところに案内し、面会させてお帰しすること。

一、呉服の仲間売担当者は得意先の信用状況を調査の上で販売すること。例えば十万円の商売をして一万円の損失を計上したり、あるいは、現金の支払いを延ばされて、約束どおり決済されないときは大変な損失となります。

一、支配人以下丁稚に至るまで、どこに行くにしても外出の際は必ず店の責任者に断ってから外出すること。

一、手代たちは一銭でも賭事に賭けたり、吉原の女狂い、堺町の役者狂いなど、決して行なってはなりません。

その他、深川の茶屋をはじめ江戸の端ばしの裏店などにいる男娼や淫売婦には決して近づかないこと。以前から付き合いのある者は、これ以降会ってはなりません。もし、付き合いをやめられない者は、早々にひまを出し、その後五年、十年と保証人方へ預けて、その行動を調査することとします。事柄によっては処罰いたします。

一、呉服物を仕入れに来たお客に気に入られようと、無断で茶屋などに同道して接待してはなりません。接待しなければ商談が成立しないお客に対しては上司の者に相談の上許可を得て、年に一度や二度は軽く接待をしてもよろしい。むしろ店内で接待するようにし、茶屋を利用するにしても、湯島天神か浅草がよろしいでしょう。その他の茶屋の使用は禁じます。同じ茶屋を年に二度使用してはなりません。

一、仕入れに来たお客を店内で接待しても、出掛けていって外で接待しても大酒を飲ませてはなりません。その人たちも主人を持つ手代の身であるから、大酒飲みを主人側は嫌うものであるし、その手代自身もかえって迷惑することになります。

一、店頭販売、訪問販売、呉服同業販売ともに十分精を出し、万一、どこかに見本として出し、手元に現品のない商品でも品揃えしてある商品として商談を進めなさい。商談は少しも杓子定規にすることはありません。また、店頭販売の担当者は人の動きに気を取られ、万引きをされないように注意すること。本町と石町との同業者相手の販売は当然のことながら、東北地方の業者向け販売については、どちらも先方より売りに持ってきた商品と、当方の商品とを先方に一緒に取り混ぜられて、取られないように注意すること。第一に品目を読み上げて、記帳することで誤りのないようにすること。もちろんそばに居合わせた者や商品を出した者も気を付けて、商品が紛失しないように気を付けること。

一、管理の立場にある者は言うまでもなく、丁稚に至るまで、金銭に関すること、ないし店内に関する不都合なことが生じたときは、見つけ次第、一度そっと意見すること。手代たちの意見も聞き入れないときはさっそく主人の当方へか、または八郎右衛門のほうへ報告すること。当方からきつく申し渡すようにする。

一、手代の中に心掛けの悪い者がいたときは、些細なことでも見つけ次第、ひそかに上司の者に申し伝えてよく調べてもらうこと。そのような心掛けの悪い者がいると、商品の取り違いや紛失物などがよく出るものだ。そのようなことがあれば手代たちが迷惑することになる。よくよく互いに気を付けて業務に専念すること。

一、商品のうちで売り切れた物は手帳に記載し注文書を京都に送ること。

一、手代同士は互いに仲よく勤務しなければいけない。一人と仲が悪い者は、手代全員とも仲がよくないものだ。このことを上に立つ者は十分に気を付け、厳しく申し渡すこと。

一、たとえ古くから店にいるといっても年若い者は、新入りでも年配の者に対しては敬意を払わなければいけない。そうはいうものの、新入りの者も、古参の人に敬意を払わなければいけない。

一、商売について万事熱心な者は、新参古参を問わず抜てきすること。
一、手代たちがお屋敷に呼ばれて、注文の商品を持参するとしても、木綿の着物で、商品は風呂敷に包み、自分で持参すること。もし重くて持てない場合は、下働きの者に持たせてもよいが、原則としては自分自身で持参するようにすること。
一、人を接待するときは、お客が五人、七人、あるいは十人いても、接待するこちら側は一人でお相手をすること。大勢が出て接待すると宴会になり、いろいろと思い掛けない費用がかさむものです。お相手を務める者はそのときの取扱品によって判断すること。
以上のことは、不断から心掛けておくべき事項です。
延宝四年辰（一六七六）七月吉日

三井八郎兵衛
江戸店手代一同様

店式目の背景に垣間見える越後屋の経営事情

いかがでしょうか。皆さま方は、この二つの「店式目」と前にご紹介いたしました「定め」の三つの店則をあわせ見て、何か気が付かれたことはなかったでしょうか。

これらは三井家最古の店則とされ、「諸法度集」として世に知られているものですが、内容的にはどれも江戸時代の多くの商家の家訓と同じく、お上の法令を固く守ること、道徳にはずれた行ないをさせぬことから始まって、店員の日常生活、規律の維持、商売上の心得などが事細かに規定されています。しかし、よく読んでみると、第二、第三の店則の中には、明らかに第一回目の「定め」にはなかった項目が加えられているのです。

まず、二回目と三回目の「店式目」の中で、第一回目の「定め」と大きく違っている項目を探してみますと、次の四つの項目が目につきます。それは、二回目の「店式目」の五番目と、三回目の「店式目」の八・九・十番目にある項目です。この四項目から考えられることは、越後屋が過剰在庫を抱えて困っていたのではないかということです。

延宝三年二回目の「店式目」の五番目には、

「毎年四月、五月、十一月、十二月の四ヵ月ごとに、値入れ率の高い商品を区別し、富沢町へ持参して、どれだけ時節はずれの物として扱われようと、売り払ってしまうこと」とあります。

この規則の意味しているものは、「七月と十二月の決算期をひかえて、儲けるために高い売り値を付けておいた商品で残っているものは、すべて富沢町の古着市へ出して、新品であっても時節はずれの品という名目で、どれだけ安くしてもいいから売り払ってしまえ」と言っているのです。同様のことは、延宝四年の三回目の「店式目」の中でも、言葉を換えて念押しをされています。

まず八番目に出てくるのが、「店の商品は、どんなものでも傷めぬよう丁寧に取り扱うこと」という項目です。

これなどは、開店時には考えられないことでした。二年たった越後屋の店内には、売れ残った商品が山ほどあったのでしょう。これなどは、ややもすると商品がぞんざいに扱われるようになったことに対する高利の注意であると思われます。

九番目には、「売り物の中で、傷んだ物は、より出して大型の箱に集めて入れておくようにし、よく相談の上で安くてもよいから処分すること」という項目があります。

これは、傷んだ商品であっても大切に扱い、決して無駄にしないで、安くてもよいから換金を心掛けるようにしなさいという注意で、いまの言葉で言えば「〝傷物一掃セール〟を忘れるな」に近い注意でしょう。

十番目には「何によらず、品物がたくさんあって、その上三十日も売れてないような商品は、よく見計らって処分すること。また京都の仕入れ値より損になるものについては、よく相談の上で処分してしまうこと」という項目があります。

これは、第二回目の「店式目」の五番目に出てきたものと全く同じ意味の注意です。このことは、越後屋呉服店がこのころになって販路開拓と売上向上にがむしゃらに突っ走ってきた二年間のツケが出てきて困っていたということでしょう。

越後屋では開店以来、「諸国商人売り」や「店前売り」や「切り売り」を行ない、薄利多売で商品回転率を高めて利益を確保する方法をとってきましたから、大量の商品の出入りがありました。最初はそれでよかったのですが、想像するところ、時がたつに従って、出ていくのは時流に合った色柄の比較的安い商品ばかりで、その裏には少しずつ売れ残った商品が溜りに溜って、越後屋の資金繰りを圧迫し出したと思われるのです。これに対して高利が打った手が、二回目の店則の五番目の注意と三回目の店則の八・九・十番目の注意であったと思われます。

在庫リスク対応策としてのアウトレット商法

注目すべきことは、これらの項目のどれもが、動きの悪い商品の扱い方を制度として定めていることです。これは当時としては考えられないほど進んだやり方であると思います。ある一定の条件に達したものは、有無を言わさず次の段階に進めて処理するというルールを、三井高利はいまから三百年以上前に実現していたということです。

高利は江戸で呉服商を始めて丸二年たったときにこの規則を加えていますから、多分、二年間の商売で溜った在庫の山に、正直いって音を上げたのだと思います。そして高利は、人間が食物を口から取り入れて栄養を吸収し、残った老廃物を排せつすることで生きているように、商売も老廃物の処理が命運を制することに気が付いたのでしょう。それが、富沢町の活用を思い付かせたのだと思います。

江戸時代の初期、「盗賊の三甚内」と言われた一人に鳶沢（とびざわ）甚内というスリの親分がいました。彼は徳川家康に捕らえられたとき、他国から来る盗賊を見張ることと引き替えに命を助けられ、手下とともに、まだ茅原であった現在の日本橋富沢町の土地を与えられて、稼業として古着売買を一手に扱うことを許されたのです。そうして最初は鳶沢町と言っていたのですが、やがて寛文年間（一六六一～七三）から富沢（とみざわ）町と書くようになり、町内に常時古着市が立つようになりました。この古着市は年を追うごとに盛んになり、日本橋の魚河岸、神田多町の青物市場とともに江戸名物の一つになっていったのです。

慶長十九年（一六一四）に三浦茂正（浄心）によって書かれた『慶長見聞集』には、「富沢町は往年来古着店を以て其名を知られ、久しく諸国に喧伝して古着類の大市場たりしが、近年其市を東神田へ転ず」とあり、儒学者の寺門静軒は、天保三年（一八三二）の『江戸繁盛記』の中で、「富沢坊ノ旧着市　附柳原」と題して次のように紹介しています。

「たくさんの市がある中で、その第一は日本橋の魚市であるが、富沢町の古着市も一大繁昌市である。古着店が路をはさんで縦横に軒を並べて商売をしている。古着古帯を毎朝あらたに並べて山のように積み、雲が湧き出るように出してくる」と繁盛する様子を描写しながら、「古衣未だ必ずしも古ならず。新裁の物も亦有り」と、中には新品も含まれていると記しています。一方、柳原の古着市については、「旧衣市中は柳原最も下等に居る。乃ち物皆下等にして然も価却って上等」とありますから、富沢町というのは、古来から古着市としては信用のできる存在であったものと思われます。それを知っていた高利が、表面上、売上げはどんどん伸びていく一方で、動かない商品在庫がどんどん増えていくことの解決策として、正規の呉服商からいえば売り先として考えもしない古着市を、自店の不良在庫の捌け口に使えることに気が付き、活用策を考え出したということです。

高利の計画したことは、できるだけたくさんの旬の品物を仕入れて、いち早く高く売って、儲けるだけ儲けて、売れ行きの悪い商品は素早く値下げをして処分してしまう。それも、値下げした商品を自店でセールするのではなく、富沢町の古着市で処分してしまうことによって自店の商品と店のイメージには傷を付けないというやり方を、継続的なシステムとして確立するということでした。そしてそれは、見事に成功いたしました。

こういった商売は、皆さんも最近どこかで見ていると思います。そうです。三井高利は、いまから三百四十三年以上前に、いま全盛を極めている「アウトレット商法」を自店の呉服商売の中にとり入れていたのです。

「アウトレット」の定義は、「百貨店やメーカーのプロパー店で売れ残った商品や試作の品を、メーカーが自社の直営店で安く売ること」を言いますが、越後屋では、富沢町の古着市を自店の販売システムに組み込むことによって、常に不良在庫をなくして、新鮮で多様な品揃えと高回転の商売を行なうことが可能になっていたのです。

いままで越後屋の急成長は、ややもすると現金取引による「諸国商人売り」や「店前売り」「切り売り」などの革新的な販売方法によるものと思われておりましたが、それだけではなくて、その根底には、在庫リスクの捌け口として富沢町の古着市を自店の販売システムに組み込むという、三井高利の卓抜かつ合理的な計算があったということです。

参考資料

①「日本経営史——日本型企業経営の発展・江戸から平成へ」宮本又郎・阿部武司・宇田川勝・沢井実・橘川武郎著　有斐閣

②「商いの場と社会」吉田伸之編　吉川弘文館

③「商売繁盛大鑑・日本の企業経営理念」今田達発行　同朋舎出版

④「商家の家訓」吉田豊編訳　徳間書店

⑤「江戸繁盛記」寺門静軒　朝倉治彦・安藤菊二校注　平凡社

⑥「百貨店ものがたり」飛田健彦著　国書刊行会

⑦「三井の創業者精神」山本育著　ビジネス社
⑧流通情報誌「激流」二〇〇一年一月号　国際商業出版
⑨「三井高利」中田易直著　吉川弘文館
⑩「三井──日本における経済と政治の三百年」ジョン・G・ロバーツ著　ダイヤモンド社
⑪「日本橋街並み商業史」白石孝著　慶應義塾大学出版会
⑫「国史大辞典」国史大辞典編集委員会　吉川弘文館

第四章　下村彦右衛門正啓

——儒学に傾倒して招福の商神となった男　大丸

「先義後利」の大衆奉仕の商法が信頼を得て大繁盛

江戸時代、このころは照明が未発達でしたから、昼間は紺ののれんが風になびく商店街も、夜は大戸を閉めて営業をいたしませんでした。あとに夜店が並ぶこともありましたが、それも夜の八時ころを過ぎると帰ってしまい、街は闇に閉ざされます。そうした大坂の中心街で、軒先に大提灯をぶら下げて、ひと晩中明かりの消えないように番人を付けている店がありました。提灯には「捨子番」と大書してあり、主に店の天水桶のあたりを照らすようにしてありましたが、人々はこれを見て、この店は金持ちだから、「あれは捨子番でなうて、捨小判や」と言っていたと伝えられています。

江戸時代には、胎児の間引きや捨て子がよく行なわれておりましたが、中でも大坂では捨て子が多かったといいます。安政から文久にかけて、大坂町奉行であった久須美佐渡守祐雋が著わした『浪花の風』の中には、「捨子の多いことは必ずしも淫風の盛んなるためではない。〝其の子を平人になさしめん為に謀りて、棄つるものもあり、心得あるべき事なり〟とあります。捨て子は拾ってもらうことを願っての捨て子ですから、「できることなら、あんな店へ拾い上げてほしい」との願いから、大勢の丁稚が楽しそうに働いている商店の軒先、特に天水桶のあたりに捨てられることが多かったといいます。その捨て子先として一番望まれていたのがこの店でした。その店の名は「大丸」です。このような店に拾われれば子供は幸せになれるだろうと親たちに思われるほど、大丸呉服店では大勢の丁稚が楽しそうに働いておりました。商売は日ごろから暴利を貪らず、店主は神社仏閣への寄進や救民の義援に尽し、かねてから義商として世間に知られた存在でした。

百貨店の大丸は、武士の末裔である下村彦右衛門兼雄《しもむらひこえもんかねお》（正啓《しょうけい》）が、江戸時代中期の享保二年（一七一七）に京都伏見（いまの京都市伏見区）に呉服店を開いたのが始まりです。それから二十六年後の寛保三年（一七四三）までの間に、正啓は大坂・京都・名古屋・江戸の四都に出店して現金掛値なしの正札販売を行ない、文化十三年（一八一六）に武陽陰士によって書かれた『世事見聞録』の中で、「一日に千両の商ひあれば祝ひをするといふ。一ヶ年暮らし方の入用、十万石の大名に似寄りたる金高なり」といわれるまでの大呉服店をつくり上げました。これは、創業者の下村彦右衛門正啓のたゆまぬ努力と、たぐいまれな商才によることはもちろんですが、正啓の定めた店是「先義後利」の精神を、歴代当主と店員一同がよく守って、大衆奉仕の商法に徹し続けたことが実ったものと言えます。

ところで、試みに百貨店各社の前身である呉服店時代の店是家訓をひもといてみると、「至誠」という道徳的商業主義の立場をとる伊勢丹の例もありますが、この大丸のように、「先義」という立場をとる商人は大変珍しいと言えましょう。明治四十三年につくられた大丸店歌にも、

一、元禄年中山城《やましろ》の　伏見の町に生まれては　名を大丸と名乗りたる　由緒も遠き呉服店

二、富めば好みてその徳を　行なうという我が家憲　世にも稀なる商標は　忽ち広く伝わりつ

三、京大坂や江戸名古屋　義を先にして利を後に　はかれば戦う敵もなし　呉服の権は我に落つ

四、かの大塩が兵を挙げ　富豪を敵と戦う日　我が大丸の前に言う　これ義商なり犯すな

と
五、年は流れて二百年　世は十代を数うれど　我が大丸の魂は　今も昔に異ならず
六、義を前にして品は良し　利を後にして値は安し　我が信用に敵なしと　言わん大丸呉服店

とあって、その後の時代の変遷とともに新店歌が制定されても、この精神は連綿として大丸社内に引き継がれ生き続けています。

さて、この店歌の中にもありますように、陽明学者で大坂東町奉行所の天満与力だった大塩平八郎が、天保七年（一八三六）の未曽有の大飢饉に際し、窮民の救済に努めるよう時の大坂町奉行と富豪らを説いたところ、逆に迫害の憂き目にあい、蔵書を売り払って窮民の救済に充てましたが足らず、天保八年、やむにやまれず乱を起こしたという事件がありました。蜂起した群衆は豪商を次々と襲って金品を奪い、窮民に施しましたが、一隊が大丸大坂店の前に迫ったとき、大塩が「大丸は義商なり、犯すなかれ」と制止したので、大丸は焼き討ちを免れたと社史に書き記されています。このとき被災した富商、豪商の中には鴻池、三井呉服店も含まれておりましたから、大丸が被害を免れたということは、当時、同店の商法がいかに庶民の信頼を得たものであったかを示していると思います。

十年間の刻苦勉励の末、二十九歳で大丸を創業

さて、その正啓の立志伝は、幕末から大正初年ごろにかけて、講釈師によって「大丸繁盛記」として語り継がれ、あるいは読みものになっていまに伝えられています。

「このころ流行る一対の折りかけ竹に呉服の端切小切の類を吊し、時折は古着の品々も持ち歩く商人一人、山城は伏見街道一ノ橋なる滝尾社の境内猿ケ松が根に担い荷下ろしつ。何の心願ありてか今日も昨日も一昨日も、雨の宵雲の旦《あした》さては油然たる雲霓驟雨《うんげいしゅうう》を促す急ぎ道かけても、此処に歩行を止めずということなく、路傍の清水にうがい手洗も丁寧に、恭しく神前に額づき祈願に心をこむること日に二度び、朝は京へ出商の道すがら、夕は宿所へ戻りかけと、いまはあたかもその夕詣でなり……」

正啓は元禄元年（一六八八）伏見の下村家の三男として生まれています。下村家は武士の出でしたが、正啓の祖父の代には商人となって、「大文字屋」という古着商をしておりました。しかし正啓の父の代には衰え、また正啓の長兄は早死に、次兄は怠惰であったため、家の再興の責任はもっぱら正啓の肩にかかっておりました。十九歳で祖父からの古着商を

継いだ正啓は、近郷近在に出商いをする一方、京都中の問屋を回り、夕べには仕入れた品を背負って伏見へ帰ってくるという努力の行商生活を十年間も続け、享保二年（一七一七）、ようやく伏見に小さな店を開きました。これが大丸の創業になるわけで、正啓二十九歳のときでした。この間の刻苦勉励ぶりを描いたのが前述の「大丸繁盛記」です。こののち正啓は、中国からの渡来僧である黄檗宗の竺庵禅師に師事し、ますます敬神崇祖の念を深め、律義一途に商売に励みます。

人々が知りたがった大丸の出自

それでは、なぜ商人である正啓は、儲けることを第一にせず、「先義後利」という儒教の教えを店是に定め、京都瀧尾神社、愛宕神社、鞍馬寺、大坂の安居神社、江戸の実相寺、繁栄稲荷などに標柱・標石や鳥居・灯篭・手拭などを次々と寄進して、信心深い商人として生きようとしたのでしょうか。

それについては、前出の『世事見聞録』の記述の前段に、次のような大変興味深い話が残されています。

「大丸庄右衛門といへる呉服屋の先祖は元来伏見の町人なるが、ある日、両替店の門口へ立ち寄りて見てあれば、金子四十両を丁稚が懐中して他行の体なるを見付け、あとを追ひ途中にて奪ひ取り、これを元になして商売を始めたく思ひ、何商売が宜しからんと占家など問ひしが、不正の元手金ゆえ身上にありつく事かたしとのこと故、さらばとて同所竹尾の宮といふに参籠断食して祈りければ、夢中に告げなどありて、その暁に丸の内に大の字の付きたる手拭を拾ひ、これより妻の在所尾州名古屋へ参り、手拭及び木綿類の店を出し、だんだん繁昌し、また江戸へ店を出し、京・大坂・伏見へも店を出せしといふ」

とありますから、大丸呉服店の先祖については、このような話が世間に広く伝わっていたものと思われます。もっとも、こういった出自の話は大丸だけのことではなく、越後屋の三井八郎右衛門についても、

「先祖は諸国を巡る六十六部で、一軒の空家に泊ったとき、夜中に火の玉が三つ出てきて、家の周りの三つの井戸の中に一つずつ入っていったのを見て、これは何か井戸の中に、人の気の残ったものがあるのではと、村人と共に井戸の底を浚ってみると、一つの井戸から千両ずつ、三つの井戸で三千両という大金が出てきたので、そのお金を持って土地の役人に届け出ると、だれも受取人のない金ということで、そっくりお下げ渡しになった。それ

で、もう六十六部をしていることはないからと、生まれ故郷の伊勢松坂へ帰って呉服屋を始めた。それで昔を忘れないようにと、名前を三井、紋は井桁の中に三を書くことにした」（落語「長者番付」または「うんつく」）

という話が落語となって堂々と語られていたのです。ということは、当時、それくらい大丸呉服店や越後屋（三井呉服店）が人々の注目を集め、「やっかみ」と「憧れ」と、ぜひとも「出自を知りたい」と人々に思わせるほどの話題の大呉服店になっていたということでしょう。

大丸の商勢を促した根本理念「先義而後利者栄」

さて話を正啓の信仰心と道義心に戻しますが、この『世事見聞録』の話をもとに考えてみれば、正啓が信心と儒教の教えに深くのめり込んでいったとしてもわからなくはありません。この話のとおりだとすれば、越後屋の先祖は、拾った金をすぐに届け出たのに対し、大丸の先祖は、追い剥ぎ強盗で得た金で商売を始めたことになっているわけですから、その悪評を拭い去り、自己の商売の信用を獲得していくためには、神にすがり、道義を守り、世のため人のために尽すことで世間から認められるようにすることが不可欠であったでしょう。こうして正啓は、普通の商人よりは信心深くなり、中国からの渡来僧竺庵禅師に師事することによって、中国の商神や孔孟の教えに理解を深めていったものとも考えられます。

一般に、十八世紀に入ってから創業した商人たちというのは、たとえ巨額の資産をつくり店舗を多く持てたとしても、江戸時代の間には名声と信用を得るまでには至らなかったと言われています。それは、既に十七世紀の間に成功した商人たちが、老舗として各商業分野で不動の地位を確立していたからです。ところが、そのような条件の中にあっても正啓の大丸は、越後屋と同じく現金掛値なしの正札販売に加えて、品質のよさと品揃えの豊富さが評判を呼び、見事に社会的な信用を得るまでに成長することができました。

大丸の商勢が伸びた理由としては、正啓の律義一途の商売努力は当然として、まず第一に「商売上の正しい信条」、第二に「商機に敏」、第三に「宣伝上手」の三つが挙げられると思います。

正啓は、常々、店員に向かって「お客さまの名前は、陰でも何々さまと敬称を用いるように」と指導をし、「お客さまのためにならぬ物は売らぬこと。世間では、目先のことだけを考えて商いをする者があるが、そういうやり方は嫌いである。いかにお急ぎのものでも、そのために高値にせず、また大名の御用でも、お子さまたちが買いにみえても同じにして、お客さまに上下を付けぬように」と命じておりました。

また、商人としての役割について、「百姓は耕作をして人に食を与え、職人は器物をつくってご用を果たす。商人は諸国の物を売買し、流通を計って人の用に応じ、その中で自然に利益を得て自分を養っていく。必ず、自分だけのことを考えずに広く天下の御用を勤めるという考えでなければならぬ。人は正直で慈愛に富むのが第一。衣服、食事のおごりもいけないが、心のおごりが最もいけない。また、いかに才知に勝れていても、不律義な人間は役に立たない。まして主人たるものは、正直、律義で慈愛深くなければ多くの人の上に立てない道理である」と説いておりました。

大坂店の北側の地面を買い入れるとき、支配人が安く買える方法を正啓に進言したところ、正啓は「商品は五厘でも安く買え、しかし、家の場合は、売り手も苦しくなって売られるのだから、安く買うのが手柄というわけではない、少しは高い目に買ってあげよ」と諭したといいます。

正啓が事業の根本理念とした「先義而後利者栄」（義を先にして利を後にする者は栄える）の言葉は、「荀子《じゅん》」の「栄辱篇《えいじゃくへん》」にある次の言葉です。

栄辱之大分《ハ》、安危利害之常體《ナリ》。先レ《ニシテ》義《ヲ》而後レ《ニスル》利《ヲ》者《ハ》栄《エ》、先レ《ニシテ》利《ヲ》而後レ《ニスル》義《ヲ》者《ハ》辱《メラル》。栄《ユル》者《ハ》常《ニ》通《ジ》、辱《メラルル》者《ハ》常《ニ》窮《ス》。通《ズル》者《ハ》常《ニ》制レ《シ》人《ヲ》、窮《スル》者《ハ》常《ニ》制《ニ》《セラル》於人一《ニ》。是レ栄辱之大分也。

荀子が、孔子、孟子、老子、荘子などとともに儒学の祖であることは言うまでもありませんが、ここで荀子の言っていることは、おおむね次のようになります。

「栄誉と恥辱の関係は、安全と危険、利益と損害の関係のようなものだ。道義を先にして利益を後にする者は栄える。利益を先にして道義を後にする者は辱められる。栄える者は常に道が開け、恥をかくようなことをやっている者は常に行き詰まる。世間で通用するようにやっている者は常に人を制し、進退に窮することをやっている者は常に人に支配される。これが栄える者と辱められる者との違いである」

正啓は商売が軌道に乗り、経営が安定してきたころ、自らこの「先義而後利者栄」の七文字を書いて掛軸とし、全店に配布しました。以後、この教えは大丸の経営方針の根幹をなすものとなって、今日に続いております。

中国の二人の大商人から学んだ経営理論

　また、値札の裏面には「富好行其徳」の五字を刷り込みましたが、これは中国の歴史家「司馬遷」が遺した『史記』の「貨殖列伝」の中にある「此レ所レ謂富メバ好デ行ニナウ其徳一ヲ者也」から選んだものでしたし、値段の符丁の一つに「トウシユコハクケイツ」の十文字を用いていたのも、「貨殖列伝」にある陶の朱公（范蠡《はんれい》）と「周の白圭《はっけい》」の二人の商人の名からとったものでした。これらのことから見ても、正啓が中国からの渡来僧竺庵禅師にいかに深く帰依していたかがわかりますし、あわせて中国の商人たちの教えを十分身に付けていたこともうかがわれます。それでは次に、この二人の商人について紹介しておきたいと思います。

　「范蠡」は、いまから二千五百年ほど前の中国「春秋時代」の越《えつ》の人です。范蠡は、「臥《が》薪嘗胆《しんしょうたん》」の故事の一方の主人公・越王「勾践《こうせん》」に「計然《けいぜん》」とともに任用され、十年の辛苦の後に呉王「夫差《ふさ》」を破り、大いに名をあげます。その後、「大きな名声のもとで長く身の安きを保つことはできない」と考え、「計然が述べた方策は七つあった。越の国は、そのうち五つだけを用いて思いどおりになった。国家において実効があった以上、わしはあのやり方を個人でやってみよう」と言って、越を去って斉《せい》へ行っては「鴟夷子皮《しいしひ》」と称し、陶へ行っては「朱公」と称しました。

陶は天下の中央に当たり、列国との交通が便利で、貨物が交易される場所でした。そこでここに店を置き、物資をたくわえ、人頼みせずに、時機を見て売っては利益を上げました。彼は物資の過不足を見て、高いときには惜しみなく売り、安いときには珠玉を求めるように惜しんで買い、十九年の間に三度、巨万の富を積みました。しかも、そのうちの二度は貧しい友人や遠い親族にすっかり分け与えてしまったのです。これを司馬遷が、「富めば好んで其の徳を行なう」と記したわけです。

范蠡の商売のポイントは、「商売は国を治めるのと同じで栄枯盛衰のあるものだから、盛業に向かっているときは冷静にいまの自分の置かれている状況を確かめて衰退に向かっていくのを防ぎ、もしも衰えたときは落胆せず、チャンスをとらえて、あるいはチャンスをつくり出して、弱くなったものを強いものに移し替えていく」というもので、「変化対応」こそが彼の商売の秘訣でした。こうして彼は、儲かれば儲かるほど人々に分かち与えたので、後世の商人たちは彼の徳と商才を称え、「陶朱公こそ商人の祖師」として崇めたてまつるようになったのです。

もう一人の「白圭」は中国「戦国時代」の周の人で、計然、范蠡以後の中国最大の商人であり、理論家でした。白圭は大富豪になった晩年に、自分の経験から一つの経営理論を生み出し、これによって後世の商人たちから師として仰がれるようになったのです。「白圭」の経営理論の第一のポイントは、「人棄てれば、我取り、人取れば、我与う」でした。彼は四季の変化をじっと観察し、人々が見向きもしない品物を取り集め、人々が集める品物は自分から放出して争わずして儲けたのです。例えば、豊作の年には穀物を買い集めては生糸や漆を売りに出し、繭がよくできた年には絹や綿を買い集めて逆に穀物を売りに出すというようにしたのです。彼は自分の衣服や飲食は粗末にしても常に良質の品を扱い、欲望をこらえ、共に働く下男たちと苦しみも楽しみも等しく分かち合いました。その一方、時機を逃がさぬためには、猛獣やハヤブサが飛びかかるほどの素早さで手を打ちました。すなわち、相場の変動を観察して、買い時、売り時のタイミングを逃さずに「変化に即応した商売」をしたのです。

第二のポイントは「薄利多売」でした。そして第三のポイントは「智・勇・仁・強」の四つの能力でした。白圭は商売を戦争や政略と同じように考えていましたので、「時勢の変化を見抜く智力の足りぬ者、取ったり与えたりする仁徳に欠ける者、決めたことをやりとおす意志の力の欠けた者には、商売のコツを教えたくとも教えられないのだ」と話しておりました。

このように白圭もまた、「変化」に敏感に「対応」して、自分なりの仮説を立て、自分で試してみて、それを成功させ、経営理論として発表したのです。「およそ天下の人々で商業を口にするものは白圭を祖師とする」とは、『史記』における司馬遷の評価です。

さて、こうして竺庵禅師から多くのことを学んだと思われる正啓には、明らかに中国の商神二人の商売のやり方のにおいが感じられます。彼の商売のやり方は、お客のためにならぬものは一切売ろうとせず、薄利多売で現金掛値なしの正札販売を行ない、自ら率先して衣服・食事・心のおごりを戒めておりました。尾張藩七代藩主徳川宗春が紀州の吉宗との将軍争いに敗れた無念から、江戸に劣らぬ賑わいを名古屋に招こうと、尾張藩が上から下まで華美に流れるのを見るや、素早く名古屋に出店し、逆に松平定信の倹約政策が出ると商売の主体を高額の呉服物から太物（木綿）に切り替えるなど、正啓の先見性と変化対応策を物語るエピソードには事欠きません。正啓は、京都・大坂・名古屋・江戸に呉服店を経営するかたわら、長崎貿易にも目を付け、元文三年（一七三八）には長崎本商人に加入し、翌四年には白糸をはじめ唐物を確保するために糸割符の仲間株を買い取りました。このほか両替商も後年になって行なっています。

商売繁盛の福神と崇められた大文字屋福助人形

このように正啓は「商売上の正しい信条」のもとに「商機を敏感」にとらえて商勢を拡大してまいりましたが、何よりも商売に活かしたのが「宣伝の力」でした。最初に行なったのは、江戸の町々を行き来する店員たちに、必ず大丸の商標を浮かび上がらせた萌黄色の大風呂敷を持ち歩かせることでした。たったそれだけのことでしたが、テレビや新聞などの広告媒体のない時代であれば、その効果は絶大です。たちまち大丸の名は人々の口から口へと伝わっていきました。また、越後屋が印入りの傘の貸し出しを始めると、それを早速改良して商標入りの傘の貸し出しをするという具合で、宣伝効果があると見れば、正啓はまねを恥じずに積極的に何でも取り入れていったのです。商標入りの鳥居や灯篭を神社や寺に寄進もいたしましたし、芝居の小道具にも㊅の商標を入れてもらい、福引付きの大売り出しを行なうなど、およそ当時として考えられるありとあらゆる広告戦略を展開したのです。

中でも何より宣伝になったのは正啓自身でした。正啓は背が低いのに頭が極めて大きく、耳たぶが太く垂れ、いわゆる福禄豊かな面相であったので、子供のころはよく人々にからかわれました。しかし彼は、常に愛想よく振る舞ったのでだれからも好かれたと伝えられています。

そうして十九歳のときに祖父からの家業である古着商「大文字屋」を継ぎ、熱心な行商生活の後に「大丸呉服店」の店舗を構えると、店頭に自分にそっくりの、身に(大)のマークを付けた麻上下をまとい、手に白扇を持ってにこやかに端座している人形を据えて商いをしたのです。ところがこれが大いに人気を博し、大丸呉服店の商売繁盛の一因をなすことになりました。こうした大丸の商運隆昌、昇天の勢いを見て、世の人々はこの人形を呼んで「大文字屋福助」と称しました。その後これを象《かたど》った人形を売り出した人がいて、商家は競ってこれを店頭に置き、商売繁盛子孫長久を祈願するようになったのです。

大正十五年一月の大阪毎日新聞にも、「正啓という人は福の神の権化に違いない。大文字屋福助の像は、六十余州津々浦々の商家に祀られた。その当時の人気の素晴らしかったことは、『大文字屋のカボチャとせ、背は低いが好い男』という俚謡がはやったのでも判る」

と紹介されていますから、商売の根本方針において義を先にして利を後にした正啓は、出自がどうであろうと自らの努力によって、人々から商売繁盛の福神と仰がれるまでの存在になったということです。

参考資料

①「大丸二百五拾年史」㈱大丸
②「創業二百三十四年　株式会社大丸設立三十周年記念」デパート通信社編纂
③「百貨店ものがたり」飛田健彦著　国書刊行会
④「日本の商人・　上方商人の戦略」堺屋太一概説　ＴＢＳブリタニカ
⑤「大阪商人」　宮本又次著　アテネ新書
⑥「江戸豪商１００話」萩原裕雄著　立風書房
⑦「豪商〈家訓名言集〉」邦光史郎著　徳間文庫
⑧「商売繁盛大鑑」　今田達発行　同朋舎
⑨「世事見聞録」　武陽陰士著　岩波文庫

⑩「古典落語大系　第四巻」江国滋・大西信行・永井哲夫・矢野誠一・三国純一編　三一書房

⑪「史記平準書・漢書食貨志」加藤繁訳註　岩波文庫

第五章　飯田新七

――「おかげまいり」で商売の真髄を悟った男　高島屋

「お前さん、どうか、これも店に並べてくださいな」

「えっ、秀、これは、お前が嫁入り支度に持ってきた着物ではないか？　まさか、これを売ろうというのじゃあるまいね。そんなことできるわけがない」

「いいえ、これも商いの品に加えてください。私は、お前さんのお役に立ちたいのです。着物はいま使っているものだけで十分です。これも商いの中に加えてください」

「秀、お前の気持ちはうれしいが、それはできないよ。これは、ご両親さまがお前の嫁入り支度として、心をこめてご用意されたもの。どんなに困ったって売るわけにはいかないんだ」

「いいえ、嫁いだからには私たちのもの。売る品が仕入れられないのでしたら、私たちにあるものを売りましょう」

妻「秀」に支えられ高島屋百貨店の第一歩を踏む

天保二年（一八三一）の京都烏丸高辻下ル西側三軒目の借店で、若夫婦が互いを思いやりながら話し合っていました。

そのころまでの日本における商業には目覚ましい発達があり、江戸時代中期すなわち寛文から天明（一六六一〜一七八九）の間には、現在の百貨店のルーツとなる大商人たちが続々と名乗りを上げて、今日の日本商業の原形をつくり上げておりました。

彼らは激しい競争の中で、仕入れ、販売、宣伝、店制度の整備などについて、考えられる限りの工夫を凝らし、現金掛値なしの正札販売に代表される顧客へのサービスを実現していきました。そのため江戸末期の呉服商人たちには、創意工夫をするといっても、既にどこかの呉服商がやっている二番煎じしかできなかったのです。それが意味するところは、京・大坂・江戸のような大都市において新興商人が成功する余地はほとんどないということでもありました。

そういう状況下にあって、何の変哲もない従来のやり方を踏襲して成功を収めた呉服商人がいました。その人の名は飯田新七。彼は今の福井県敦賀の中野宗次郎の三男として享和三年（一八〇三）八月に生まれ、鉄次郎と名付けられました。文化十一年（一八一四）、十二歳の春に京都に出て、呉服商「大丸角田」に奉公しましたが十年ほどで倒産、仕方なく伝手《つて》を求めて呉服商「高橋」某方へ移りました。それからおよそ三年間、毎朝日の出前に京を出て、大津まで三里の道のりを肩に食い込むほどの荷物を背負って行商に行く若者がいました。いまは「新七」と名前を改めた鉄次郎です。新七は、ひたすら誠実、勤勉に務めました。夕べは星を戴いて帰る毎日であったので、京の街に奉公しながら、その京の街のことを全く知らなかったといいます。

その新七に転機が訪れたのは文政十一年（一八二八）二十六歳のときでした。京都烏丸松原上ル西側で米穀商を営み、その出身地名を屋号としていた高島屋飯田儀兵衛が、長女秀の婿養子として迎え入れたのです。

飯田儀兵衛は、出身地が示すように生粋の近江商人でしたから、家風は厳格を極め、「正直・勤勉・倹約・堅実」という近江商人の見本のような人物でした。飯田家に婿入りしたものの、新七には米穀商売がなじめなかった上、慣れ親しんだ呉服商売で身を立てたいという望みがあったので、文政十二年（一八二九）二月二十七日、近くに家を借りて分家いたします。

しかし、新七の独立に当たっての状況は決して恵まれたものとは言えませんでした。まず、新七が飯田家に入るころより主家の家運が傾き出し、それまでの新七の勤務に報いる独立資金の提供はなく、わずかに大津方面の得意先場を与えられたのみでした。また、養家の職業を継ごうとしなかった婿養子の分家独立であったため、飯田本家からも資金援助は一切なく、独立開業資金は奉公中に新七がためた銀子二貫五百匁のみのスタートであったのです。

最初の間は古着・木綿・小切類を背負い歩く行商生活を続け、二年近くの苦闘の末、天保元年（一八三〇）十二月十日、京都烏丸高辻下ル西側三軒目泉屋利助の店を借り受けます。その隣には既に盛業中の呉服店がありましたが、新七はためらうことなく天保二年（一八三一）一月十日、ここに古着並びに木綿店を開業したのです。屋号は「たかしまや」でした。

新七は、養家からは何の資金援助もしてもらえませんでしたが、分家を許し、別の途を歩むことを許してくれた養父の心を思い、養父の出身地「高島」をとり、「高島屋」と名乗ったのです。この店舗こそ、現在、日本を代表する百貨店の一つに発展した高島屋百貨店の第一歩でした。

漏らしてもよい不平も言わず、ひたすら誠実に働き、周囲や養父である飯田儀兵衛にこまやかな気配りをする新七に対し、妻の秀は心からの協力を惜しみませんでした。開店するだけで精いっぱいの新七の現実に対し、秀は前述のように、両親が整えてくれた女の命とも言うべき嫁入り支度の衣類を提供し、販売商品として店頭に並べたのです。

「おかげまいり」で悟って商いの鉄則を店是とする

新七が開業した天保二年（一八三一）という年は、世間では「おかげまいり」の年に当たるものと考えられていました。ところが今回に限り一年早い天保元年（一八三〇）に始まってしまったのです。

「おかげまいり」は「御蔭参り」と書くように、路銀を持たず沿道の人々の善意による喜捨・庇護に頼りながら、男女群れをなして伊勢神宮に参詣することで、江戸時代に六十年ごとに周期的に繰り返された集団的巡礼運動であり、別名「抜参り《ぬけまい》」とも言われました。それは、父母または主人の許可を受けないで家を抜け出して伊勢神宮に参詣した人々がいたからでした。

今日のように交通機関の発達していない時代に、五百万人もの人々が伊勢神宮に参詣するという大巡礼運動には多大な困難が伴いました。従ってそれには、多くの人々の善意が必要であったのです。特に「ぬけまいり」の人々は十分な旅行の準備も路銀もなかったので、道中の街々の人々は、無料で米・銭・木綿の袋・襦袢《じゅばん》・菅笠・手拭・わらじ・薬・宿泊所などを提供したのです。こうした一般庶民による善意の「施行」によって、天保元年（文政十三年）三月に始まった「おかげまいり」は、十月いっぱいをもって五百万人もの参詣者を数えて終わったのです。

これだけ多くの人々が旅をする以上、街道沿いの物資が欠乏し、諸物価が値上がりするのは当然のことです。この時とばかり、人々の足元を見て駆け引きし、品質不良の品であっても暴利で販売するという悪徳商人たちの便乗商法がまかり通ったのです。本居大平（一七五六〜一八三三）の『おかげまうでの日記』には、概略、次のようなことが記されています。

「そういうわけで、この伊勢詣りの道中の宿屋、ところどころにある茶屋、旅籠などの物売りや宿泊をさせる家々には、蓄えておいた売りものがなくなってしまったという。中でも酒餅などは言うまでもない。そのほか、旅人に売る品をつくる家々すべては、例年より人を多く雇い、一日どころか夜中までかけて少しでも多くつくろうとするが、それにも限度があって間に合わない。中でもわらじは、どこも売りつくしてしまい、もうこのあたりには一つも残ってないと話していると、本当に稀に隠し持っている者が、人々の心情も理解しようとしないで、これこそ抜け目ない商人魂であると、限りなく高く売りつけようとする」(『おかげまうでの日記』)

立命館大学の藤谷俊雄氏の試算によると、五百万の人々が参詣したことによって、自費によると施行によるとにかかわらず、少なくとも八十億円からの物資が消費されたと見られています。このように、「おかげまいり」という集団的巡礼運動は、社会経済的に、中でも商業と交通の発達の面において、非常に大きな影響を与えた出来事であったのです。

飯田新七は、こういった全国的規模の物資不足と物価高騰を、創業直前の半年間にわたって、つぶさに見ていたのでした。そして、人々の足元を見る商人たちのあくどさと、人々の善意の発露を見て悟るところがありました。そこで新七は、「おかげまいり」の時期に創業したことにちなんで、自分が悟った「良品廉価」という商売上の鉄則を「御蔭参」という言葉と結び付けて、「おかげにてやすうり也」とし、これを十の数字の「符丁」にしたほか、次の四つの綱領を「店是」としてまとめたのです。

一、確実なる品を廉価にて販売し、自他の利益を図るべし

二、正札掛値なし
三、商品の良否は、明らかに之を顧客に告げ、一点の虚偽あるべからず
四、顧客の待遇を平等にし、苟くも貧富貴賤に依りて差等を附すべからず

この「符丁」と「店是」は、その後の高島屋の進む方向を明確に位置付けるものとなりました。

顧客の信用を第一にして商売は順調に伸びていった

さて、資金もなく、従って商品も少なく、信用もまだない新七が開業した店の隣には、既に盛業中の呉服店がありました。徒手空拳、孤立無援ではありましたが、妻の温かい心に励まされた新七は、「商売の勝利は、一にかかって顧客の信用如何に帰するのだから、これを事実の上で示すにしくはない」と考え、隣の店より早起きを始めたのです。それからというもの、新七が毎朝隣店より早く店を開いて商売に励んだところ、「烏丸高辻のたかしまやという店は、大変な早起きの働き者やで」と京都中の評判になり、間もなく両者の間に著しい優劣が生じ、高島屋の信用は日増しに厚くなり、固定客もついてきたのです。こ

うして三年で隣店を凌駕することができた上、呉服商「菱彌」の店主青井孫兵衛の知己を得て、品物を掛で仕入れさせてもらったり、一時資金の流用を認めてもらうことができるようになり、高島屋の商売は順調に伸びていきました。

天保四年（一八三三年）九月二十六日、努力の甲斐あって新七は、この借りていた店舗を買収することができ、晴れて間口三間三尺余、奥行き八間四尺余の店を手に入れたのです。新七はますます商売の充実に心を使い、親戚、知人はもとより、その他会う人ごとに自店の評判を聞き、少しでも参考にすべき点があれば、直ちにこれを取り入れて業務の改善をしていきました。もちろん、他店で既に行なわれていることであっても、お客さまのためによいと思われることは、即、取り入れていったのです。

貸傘というサービスは、創業期の三越や大丸が行なったことで有名ですが、新七の高島屋においてもすぐに取り入れられました。新七はにわか雨があると、店の来客はもとより、通りかかった人にまで傘を貸し与え、時としては家族・子供の傘まで集めて貸し出したのです。

こうして、ひたすら真面目に努力し、他店と同じことであっても人一倍熱心にやることによって、高島屋の信用はますます増していきました。増え続ける扱い商品のために土蔵を一棟増築したのは弘化四年（一八四七）十二月のこと。しかし、そのために風通しが悪くなり、夏の夜の涼を求めて吊した風鈴も一向に音を立てなかったほどでした。「せめて一生のうちには、風鈴の鳴るぐらいの家に住みたいものだ」とは、当時、新七夫妻の間に交された会話だといいます。こうして二人は、さらに励まし合い仕事に精を出して、念願かなって家屋一棟を買い求めたのは嘉永三年（一八五〇）のことでした。

新七の商売に取り組む姿勢はすこぶる峻厳で、店頭にあっては、一切の雑談および勝負事をすることを禁じ、これを犯したものは容赦なく厳しく罰しました。しかし、妻の秀は陰でこれを庇護して、丁稚が寝小便をすれば手ずから洗濯するなど、皆を等しく春風のごとくいたわったので、高島屋の主従関係は緊密で、まるで家族のようであったといいます。

二代目新七、呉服商に転換

こうして家運も次第に発展していったので、嘉永四年（一八五一）十八歳の娘の歌に二十五歳の婿養子を迎え、翌五年（一八五二）五十歳になった新七は、二十六歳の二代新七に家督を譲りました。隠居した初代新七は別の所に居を構え、二代新七の商売を指導後見することにしたのです。

二代新七は性格が温厚で、わだかまりなく周囲の人と徳をもって付き合い、仕事の上では常に注意をおこたらず用意周到であったと言われています。特に商才があり、時代の風潮をとらえる鋭い感覚の持ち主であったので、安政二年（一八五五）には、創業以来の商いを木綿呉服商に切り換えたのです。

当時、世情は攘夷か開港かで国論が二分し、京洛のちまたには血なまぐさい争いが起きておりました。それは、二代新七が店を継いだ次の年に、浦賀にペリーの黒船が来たからでした。「京の街には諸国の大名や藩士、それに浪士たちが集まっている。もう古着や木綿だけを商っている時代やおへん」と考えた二代新七は、初代新七と相談の上、二十五年間継続してきた古着商を呉服商に切り換えると、よい品だけを安く売ったのです。

「世間はいざ知らず、我が店で取り扱う商品は、堅牢確実なものを売らんと決心し、染めに織りに十分吟味を加え、もって客を欺かず、薄利に甘んじ、客を利し、併せて我も利し、いわゆる自利利他は古来の家風なり」

残されている二代新七の言葉です。

信仰厚く、進取の気性に富んだ初代新七の人となり

さて、初代新七に話を戻すとして、初代新七の人となりを記した飯田家の記録には、「資性闊達、果断に富み、博愛慈恵の心深く、神仏の信仰篤く、寛容よく人を容れ、厳格にして貸借せず、万事機敏、敏活を尊ばる。性少しく急、言語明晰、応対巧妙、衷心誠実なり、業務を尊重すること厚く、勤勉にして、文字は鮮明に見易さを要すとて、細きを嫌い、つねに筆太にかつ濃墨をもって書かれたり」とあります。非常に進取の気性に富んだ人であったらしく、京都で石油ランプを最初にともしたのは初代新七ではないか、と言われています。ことのほか神仏を崇敬することに厚く、京都中の神社仏閣をそれぞれ信仰して、まだ手元不如意のころから寄進を惜しみませんでした。また、神社詣でとかお寺参りの途中で浮浪者を見かけると、必ず言葉を交して恵みを施していったので、いつの間にか「高島屋のご隠居さん」と呼ばれ慕われるようになったといいます。

警察制度も完備していなかったこの時代には似非《えせ》侍《ざむらい》の徘徊も多く、ときどき諸藩邸の仲間、無頼漢あるいは出牢人までが店頭に来て、金品を強請《ゆす》ったりたかったりいたしました。

これに応じないと、大声で怒鳴り立てて店員に当り散らしたり居直って営業を妨害し、あるいは後日、かげに回って嫌がらせをするなど、実に商売のやりにくい時代でした。従って商家は、これを恐れて、一般には言うままに金品を出すのを常としていました。それに対して初代新七は少しも恐れず、これら無頼の輩には自ら会ってその言い分を聞き、与うべきは与え、諭すべきは諭したのです。

初代新七のこうしたやり方は、いわゆる恩威ならび行なわれるやり方であったため、中には深くその厚意に感謝し、前非を悔いて真人間になった者もいました。当時、極悪罪人で死刑に処せられる者は「ワタリモノ」といって、刑の直前に馬に乗せられて市中を引き回されましたが、これらの罪人も烏丸高辻角の高島屋の前を通るときは、「高島屋の隠居さんによろしく」と本心より感謝を叫び、この世の名残りとしたということです。

晩年の話としては、孫たちを連れて清水寺に詣でての帰り道、その門前に立って、その眼下に広がる夕焼けに染まった京の街を指で示してこう言ったといいます。

「お前たち、よう目を開いて見てみ、京都の街は広いというても、こうして見ると両の目に納まってしまう。この街の中で生活する人の数も知れたもんや。そやから志は大きく持って、京の街だけを見ててはいかん。日本中はおろか遠く世界を相手にした商いをすることが大切や。そやないと、これからは立身出世できませんで」

この初代新七の言葉は、その後長く子供たちの心に残り、高島屋の積極経営の伝統を形づくっていくのです。

「好運・愚直・根気」が成功の秘訣

このように初代飯田新七（幼名中野鉄次郎）は、何の変哲もない従来のやり方を踏襲して成功を収めました。行商からスタートして、時期を見て店を借り、義父と同じのれんを掲げました。ひたすら熱心に励み、お客さまのためによいと思われることは、人まねであってもちゅうちょなく取り入れました。そして、ひたすら誠実、勤勉に働き、筋道を通したのです。一見、そこには何の新機軸も見当たりません。しかし彼は、並みいるライバルを向こうに回して成功を収めたのです。その理由はどこにあったのでしょうか？


昔から成功するための三つの秘訣は「運鈍根」であるといいます。「好運・愚直・根気」こそが成功のもとであるという意味ですが、では、新七は好運であったのでしょうか？

最初の奉公先は十年ほどで倒産してしまいました。仕方なく雇ってくれる小さな呉服店に移りましたが、それからの三年間は、先の見えない苦しい行商生活でした。独立に当たっても何の資金援助もしてもらえませんでした。縁あって婿養子に迎えられましたが、養家の職業を継がなかったので、養家からも全く援助してもらえませんでした。唯一の「好運」は、妻となった「秀」との巡り合わせであったと思います。「好運」とは「よい巡り合わせ」のことを言います。新七にとって秀の「内助の功」があったことは、彼の生涯における最大の好運であったのではないでしょうか。

「愚直」とは「馬鹿正直」のことを言います。新七ほど馬鹿正直に商売を行なった者はいないでしょう。当時の商人たちの多くが、「買う人によって売り値を上下させる」という駆け引きを商取引の主体としていた時代に、馬鹿正直に「正札掛値なし」を行ない、商品の「品質良否」を明らかにし、「良品廉価」と「サービス平等」を貫き通したのです。それも生涯を通じて貫き通すという、まさに「根気」で愚直を貫き通したのが新七であったと言えるのです。

世に言われている「運鈍根」はまさしく成功の秘訣でした。

そして初代新七の「好運」についてもう一つ忘れてならないことは、彼が「おかげまいり」に触発されて自店の「符丁」と四綱領の「店是」を定めたということでしょう。それは、これを正しく実行することによって、間違いなく商人は成功を収めることができるという商売成功の秘訣となっているからです。彼はいまから百七十年以上も前の「駆け引こそ商売のコツである」と言われていた時代に、敢然として相反する方針を掲げて、コツコツと、ひたすら誠実に、根気よく四綱領を実践し続けました。その結果は、今日に見られるとおりの日本の一流百貨店高島屋として結実しています。我々は、この愚直なまでの初代新七の姿勢を、いまこそ見習う必要があると思うのですが、どうでしょうか?

初代飯田新七の定めた「四綱領」については、昭和十六年三月一日発行の『高島屋百年史』の二頁から三頁にかけて、会社としての解説を付けて掲載されているので、それを次に紹介して本稿の締めくくりとしたいと思います。

四綱領

第一義　確実なる品を廉価にて販売し、自他の利益を図るべし。

凡そ商品は確実なる品物を廉価にて販売するを以て其の原則となすは、古来何れの国にても、亦何れの世に於ても変りなきはもちろんなるも、同時に自己の利益のみを目的とせず、併せて顧客の利益をも図り、所謂共存共栄の実なかるべからず。是れ初代の商売方針の第一義なりしなり。蓋し当時に於ては、士、農、工、商の階級制度なるもの存在し、商人即ち町人は社会の最下級者に属し、一概に利益にのみ走り、義理人情を解せざる頗る卑しむべきものなりとは一般の観念なりき。然るに初代は斯る時代に於て儼然として此の営業方針を綱領の第一に掲げたるは、洵に高邁なる識見と言はざるべからず。現在に於ても高島屋営業方針は、正に之れを踏襲せるものなり。

第二義　正札掛値なし。

現今に於ては左程に新味を感ぜざる事項なるも、当時多くの商売人は駆引をなすを普通のこととし「商売の駆引は大切にて買ふ人に依り値を異にするが、何よりも家業を盛んにする所以なり」と逆なる奨励をしたる位なりき。然るに初代は天保の初年より正札掛値なしと云ふ主義を定めたり。此の時代に於て既に斯る文明的の営業方針を定めたるは、初代が如何に人格崇高にして先見の明ありしかを知るべきなり。

第三義　商品の良否は、明らかに之を顧客に告げ、一点の虚偽あるべからず。

顧客に商品を売る場合に、値と言ふより寧ろ充分値打ある商品を提供すると同時に、其の良否を懇ろに顧客に納得せしめ、どこまでも誠実を以て商売するが大切なりとのことを示したるなり。「売れても売ってはならぬ品」の意、実にここに在り。現在の高島屋は此の精神を服膺し、強き責任感を以て営業しつつあり。

第四義　顧客の待遇を平等にし、苟くも貧富貴賤に依りて差等を附すべからず。

之れは顧客に対する商売道として最も大切なる事項なるも、概ね貧富の別に依り、或は服装の善悪に依りて差別待遇を為すは一般の弊風なるが、初代は厳に此の悪弊を指摘し、斯る方針を樹立せしは高島屋の繁盛を為したる秘訣にして、現在高島屋が「サービス」に重きを置けるは、全く伝統の大方針と云ふべきなり。（『高島屋百年史』より）

参考資料

①「高島屋百年史」㈱高島屋

②「高島屋百三十五年史」㈱高島屋

③「おかげにて　高島屋の百五十年」㈱高島屋

④　「百貨店ものがたり――先達の教えにみる商いの心――」　飛田健彦著　国書刊行会
⑤　「豪商〈家訓名言集〉」　邦光史郎著　徳間書店
⑥　「江戸豪商１００話」　萩原裕雄著　立風書房
⑦　〝「おかげまいり」と「ええじゃないか」〟　藤谷俊雄著　岩波新書

第六章　伊原木茂兵衛

――世界で最初に百貨店を思いついた男　天満屋

岡山県のＪＲ赤穂《あこう》線西大寺《せいだいじ》駅を降りた先に「西大寺観音院」があります。西大寺観音院は、天下の奇祭「会陽《えよう》（裸まつり）」で全国的に知られていますが、会陽は正月に行なわれる修正会《しゅようえ》の結願《けちがん》の日の行事です。現在は二月の第三土曜日の夜に、本堂の前に間口八間・奥行五間の大床をつくり、数千の人々が晒《さらし》の褌《ふんどし》姿で御福窓《おふくまど》から住職が投下する陰陽の宝木を奪い合うという民俗行事です。

この西大寺観音院の再建に尽した人物として、いまから百四十年以上前に描かれた一幅の軸が残っています。描かれている人物は伊原藻兵衛、描いたのは狩野修理亮。次に紹介する画賛は岡田篁村の筆によるものです。

伊原翁画像記

翁諱（イミナ）ハ親義。藻兵衛ト称ス。伊原ハ其姓也。備前西大寺ノ邑人ナリ。父ハ定四郎保親ト曰ヒ母ハ岡本氏ナリ。翁兄弟三人有リ。少時家貧シク壮ニ及ビテ能ク業ヲ勤メ節倹シテ倦マズ。漸ク家産乏シカラザルヲ得。文政十二年産ヲ分チテ始メテ星貨舗ヲ開キテ之ヲ賈（アキナ）ヒ後加フルニ衣肆ヲ以テス。物ヲ售（ウ）ルニ必ズシモ酷利ヲ貪ラズ。故ニ遠近争ヒテ就ク焉。業日ニ倍々（マスマス）繁栄ス。終ニ克ク冨ヲ致ス。文久二年壬戌六月八日卒ス。年ヲ享ク七十歳。其ノ配ハ伊原氏ノ族喜次郎信安ノ女也。先ニ卒ス。翁一女有リ。仍チ侄（オイ）定五郎信保ヲ養ヒ嗣ト為シ配スルニ女ヲ以テス。兄卯兵衛信章ノ次男也。翁性仁ニ厚ク好ミテ人ノ為ニ周旋ス。故ニ親疏トナク信服セザル者無シ。家世々西大寺観音院ノ檀越（ダンオチ）ヲ為ス。蓋シ寺内ノ事大小ト無ク翁ノ心ヲ関スル所也。安政回祿ノ後之ガ再建ニ肆（ツト）メ一挙ニ専ラ勧進ヲ謀ルト云フ。爰ニ翁卒スルノ前年、画員狩野修理亮ヲシテ其像ヲ摸シ没シテ後余ニ請ヒテ其ノ行事ヲ題サシム。嗟乎、義子定五郎孝敬ノ至リニシテ能ク在（イマ）スガ如キノ祀ヲ致ス者乎。

篁邨岡田修

要約すると、次のような意味といってよいでしょう。

《伊原翁の肖像画について
　翁は伊原藻兵衛という岡山西大寺村の人である。家は貧しかったが、よく働いて、文政十二年に小間物店を開き、のちに衣類も扱うようになった。不当な利益をとらずに商ったので、遠近を問わず買いに来て、ますます繁盛し、ついに大富豪になった。文久二年に七十歳で世を去った。先立った妻との間の一人娘を兄の次男定五郎と結婚させて養嗣子とした。翁は思いやりの心に溢れ、人々のために尽したので信服しない人はいなかった。代々西大寺の観音院の檀家として尽し、安政の火災のあと、観音院の再建につとめ寄付を集めた。翁が世を去る前年に狩野修理亮に肖像画を描かせ、世を去ってのち、私に画賛を記させた養嗣子の定五郎は、まことに孝行で敬父の念に厚く、まるで生きているかのように御《み》霊《たま》を祀《まつ》っている。
岡田篁村記す》

　ここに描かれている人物「伊原藻兵衛《いはらもへい》」こそ、本編の主人公「伊原木茂兵衛《いばらぎもへい》」のことなのです。姓も名も違っているのは、文久三年に池田茂政が備前藩主となり、「茂」の字が止め名になったことによって藻兵衛と改めたことと、古くから伊原を名乗っていたのですが同姓が多いことから、明治時代に入って「木」の字を加えて伊原木姓に改めたからです。しかし本稿では初代、二代とも伊原木茂兵衛に統一して話を進めます。

灰問屋の次男坊が描いた破天荒な夢

文政十二年（一八二九年）、備前国上道郡西大寺村字新堀（いまの岡山県南部）にあった灰問屋「天満屋」の次男伊原木茂兵衛が、三七歳になったのを機に分家し、同村の市場筋にささやかな小間物店を始めました。これが現在、中国地方の百貨店の雄として知られる「天満屋」の始まりです。茂兵衛の生家は、寛永九年（一六三二）藩主池田光政のお国替えについて鳥取から西大寺へ移住した池田家御用達の灰屋であったと伝えられています。

灰屋とは、貝の殻を特殊な窯で焼いて石灰《いしばい》をつくるかたわら、木灰を買い集めて苦汁《にがり》をつくり、これらを建築用や染料・薬用に販売するもので、さしづめいまで言うセメントならびに工業用化学薬品の製造販売に当たる商売でした。

茂兵衛の父が西大寺に店を構えたのは、西大寺が北と南で吉井川に接し、南は海、西は備前の穀倉地帯に続く最高の立地条件にあった上、吉井川の川じりで貝殻が豊富にとれたからでした。そのころの西大寺の町は、吉井川の舟運によって美作地方と物資の交換が行なわれたほか、内海各地から送り込まれる貨物の集散地として、単なる川港ではなく、海港としても栄えており、上流の福岡の町と並んで備前における商業の中心地だったのです。

また、「天満屋」という屋号は、遠祖が大坂の灰問屋で修業していたころ、近くの天満宮を厚く信仰し、そのおかげで池田家の御用達を命ぜられるようになったことから付けたものだといわれています。

寛政五年（一七九三）、このような家の次男として生まれた伊原木茂兵衛は、小さいころから気性が強く、機知に富み、実行力に溢れていたといいます。文化十三年（一八一六）、茂兵衛二十四歳のときに父が世を去り、家業は兄の卯兵衛が受け継ぎます。茂兵衛は店の手伝いのかたわら、出入りする商人たちの話を聞いて大きな夢を抱くようになります。それは、「あらゆる品物を薄利で、現金掛け値なしで多売する店」をこしらえてみたいという、当時としては破天荒な望みでした。

「現金安売り、掛け値なし」という商売の形式は、三越の前身である越後屋の三井高利が天和三年（一六八三）に江戸日本橋駿河町で打ち出したのが最初で、大坂の心斎橋でも大丸の前身である大文字屋下村彦右衛門が享保十一年（一七二六）以来行なって成功を収めてはいたものの、これらは特殊な成功例であり、それをまねした商人たちのほとんどは、結局、封建的な商習慣から脱却できず、新商法を貫き通したものはほとんどいなかったといわれています。しかし茂兵衛は、この商法にさらに「よろず商う」を加えて、「あらゆる品物を薄利で、現金掛け値なしで多売する店」を実現したいと考えたのです。そこで自らの修練の第一歩として、当時、商売どころとして知られていた大坂での修業を思い立ち、文政元年（一八一八）二十六歳のときに大坂にのぼります。

ところが茂兵衛の修業中に生家・灰問屋「天満屋」の家運が著しく傾いてしまいます。文政八年（一八二五）、それを聞いた茂兵衛は、やむなく生家に戻り、兄を助けて家業の復興に努めます。茂兵衛が三十三歳のときでした。努力の甲斐あって灰問屋「天満屋」は立ち直り、茂兵衛は「努力すれば報われる」という、あまりにも当たり前すぎて、なかなか日常では継続できない「商売上の極意」を体験から学びとり、信念として身につけます。

「夢」の実現の第一歩として小間物店を開く

文政十二年（一八二九）、三七歳になった茂兵衛は独立を決意して、長年の夢であった「あらゆる品物を薄利で、現金掛け値なしで多売する店」をこしらえにかかります。

その第一歩として茂兵衛は「星貨舗」いまで言う身辺雑貨を扱う小間物店を開きます。

そして当時の商人たちの常として、茂兵衛も一から十までの数字の「符牒」を定めました。こういった符牒は、相手に知られずに買い値、売り値をやりとりするための、商人としては大切な店内コミュニケーション・ツールでしたが、一般にこの符牒の中に、将来の成功を願って、自らの創業の理念をこめる商人が多かったのも事実です。

例えば以前に紹介した白木屋の創業者大村彦太郎可全は、「コオリトラズ末ハン上」を一から十までの数字の符牒と定めて、「商ひは　高利をとらず正直に　よきものを売れ　末は繁盛」という商売上の信念を忘れないようにしましたし、高島屋の創業者飯田新七は、「オカゲニテヤスウリ也」を数字の符牒にいたしました。茂兵衛もこれらを見習って次のように定めたのです。

ヨロズアキナウミセ

イチリムモマケナシ

ハクリワノチタメソ

アサヨリミセハヤク
ミズカラフクキタル
イツマデモサカエル

茂兵衛の定めた「符牒」の意味は、「あらゆる品物を値引きすることなく、薄利で多売することに専心すれば自然とお客さまが増え、いつまでも栄える」ということでしょう。「一厘もまけなし」「薄利は後のため」は世に言う越後屋呉服店の「現金安売り、掛け値なし」とイコールであるし、同時に「よろず商う」を打ち出しているということは、当初から百貨を扱うことを目標としていたということです。これはまさに、彼独自の理想・抱負が符牒にこめられているわけで、立派な創業の理念であるとともに、天満屋の営業方針を表したものと言えます。

当時の商習慣によれば、商売というものは客との駆引きによって値段を定めるのが常道でしたから、「一厘もまけない」などという「掛け値なし」商法は、商売の外道としか考えられませんでした。従って当初の天満屋は異端視され、仕入れを邪魔されたり、ひやかし客ばかりで、苦闘の日々が続きました。この障害を乗り越えさせたのは茂兵衛の信念でした。「努力すれば報われる」という体験のもとに、心から顧客本位の営業を続ける天満屋商法のよさに気付いた人々が出てきたのです。よその店で駆引きに長い時間を費やして安く買ったつもりが、何のことはない、一厘も負けてくれない天満屋の値段のほうがそれよりも安かったということが度重なるうちに、次第に値切らない客が店に集まるようになり、それが口から口へと伝わって賑わいを見せるようになったのです。

繁盛するにつれて茂兵衛は、たばこ・薬・下駄・足袋・琴・三味線の糸、ついには小切れ物も置くようになり、当時西大寺で一番といわれた店に劣らぬ人出を見るようになりました。このようにして、茂兵衛は「あらゆる品物を薄利で、現金掛け値なしで多売する店」を一歩一歩、自らの手で確かめながらつくっていったのです。

それを示す話として、維新前後、「近ごろ負けないものは備前の玉の森と天満屋」という地口《じぐち》（諺・成句などと発音が似ていて意味の違う文句をつくって言うしゃれの一種）が京坂の織物関係の仲間うちではやり、天満屋の信仰的とも言える一途な商法が評判になっていたと伝えられています。ちなみに玉の森は西大寺出身の大坂相撲の大関で、大変強い力士だったので、同じ備前西大寺出身ということで一層興味をそそったものと思われます。

茂兵衛にとってラッキーだったのは、星貨舗を創業した翌年の文政十三年（一八〇三）に「おかげまいり」が始まったため、全国津々浦々から参拝の人が伊勢へと続き、港町西大寺も交通の要衝として賑わいに賑わったことです。

江戸時代には、一生に一度は伊勢神宮に参拝するという風習がありましたから、茂兵衛も「おかげまいり」に参加します。そしてその帰りに大坂で買った数本の帯が、茂兵衛に次に扱うべき商品を教えてくれました。彼が自分用に買った帯は、当時まだ備前西大寺では目新しい織りと柄であったため、それを見た人たちから欲しがられ、自分で使うどころか差し上げざるを得ない状況になってしまったのです。もちろんもらった人は大変喜んで、意外なほどの謝礼を届けてきました。こうして茂兵衛は、呉服物も西大寺で商売になることを知ったのです。茂兵衛の「よろず商う店」への道は確実に開かれ出しました。

「安政の札つぶれ」を信念で乗り切る

こうして星貨舗「天満屋」の創業と茂兵衛の新商法は順調に滑り出したのですが、世情は決して穏やかではありませんでした。茂兵衛創業の文政十二年（一八二九）という年は、明治維新（一八六八）まであと三十九年という時期でしたし、備前藩の通貨崩壊いわゆる「安政の札つぶれ（安政元年・一八五四）」まで二十五年という、まさに歴史の大きな転換期にさしかかる少し前だったのです。

そして天明三年（一七八三）の大飢饉以来、洪水・干ばつ・凶作と天変地異が続いて、人々の生活はおびやかされ続けておりました。幕藩体制の中央では、水野忠邦の超緊縮政策「天保の改革」が強行されて、幕府の経済的困窮を改善しようとしましたが失敗に終わり、かえって世間の混乱を増し、長崎や浦賀には異国船が出没して人心不安が募るという、騒然とした世の中になってまいります。

天満屋の商売は、年を追って発展してまいりますが、幕末の世情は日ごとに騒がしくなり、茂兵衛にとって一つの転機となる出来事が起こります。それは備前藩内に大混乱を起こした「安政の札つぶれ」でした。きっかけは嘉永六年（一八五三）六月のペリーの来航でした。軍艦四隻を率いて浦賀に来航したペリーに対して、幕府は備前藩に二千五百人の海防軍を房総海岸へ派遣することを命じてきたのです。

派兵には多額の軍事費がかかります。ところが備前藩にはお金が全くありませんでした。備前藩では、嘉永四年（一八五一）が干ばつ不作、同五年が大洪水、六年には大干ばつと大地震の被害があり、財政は最悪状態にあったのです。

当然、藩は藩札を乱発して備前藩内のやりくりをしました。ところがこれによって藩札の価値が暴落し、インフレとなり、ついに安政元年（一八五四）十一月五日には藩札の金銀との引き換えが停止となってしまいます。「藩札がただになる」といううわさが流れ、憤激した町方や近郷の群衆が引き換えを求めて大騒動となったとき、折よくというか折悪しくというか、安政の大地震が揺れ起こり、人々は身の安全を求めて解散いたします。

藩札が紙くず同然となるという流言飛語に商店は先を争って店を閉じますが、茂兵衛だけは違いました。「人々の危急時に、商品を提供し続けるのが小売店の使命である」という信念のもとに、全く普段と変わらずに営業を続けたのです。人々は紙くずを持っているよりはと藩札を握りしめて天満屋に押し掛けました。少しでも物に替えておこうと思ったからです。こうして天満屋の商品は三日間で売り切れてしまい、座敷中が藩札の山となりました。

そのうち、この騒動も収まり、藩札は切り下げられながらも一分通用（一割通用のこと）となり、天満屋の儲けは莫大な額に上ったといいます。一説によると、この札つぶれの際の物価の暴騰は従来の売り値の五十倍だったといいますから、「一分通用」としても天満屋の売上げは従来の五倍あったことになります。それより肝心なことは、このような時にあって、商人としての信念を貫いて店を閉めずに商売を続けた茂兵衛の行動が高く評価され、「〃一厘もまけなし〟の天満屋さんは私たちの味方だ」と、西大寺の人々から大いに信用を得ることができたことです。このとき茂兵衛六十二歳、のちに二代茂兵衛となる養子の定五郎は二十四歳でした。

こうして安政の札つぶれを信念で勝ち抜いた天満屋は、人気と評判でいちだんと繁盛し、市場筋の店が手狭になったので、安政四年（一八五七）西之町（のちの本町）に移転します。新店舗は間口が五間、中央の大黒柱には、「一厘もまけなし」という「正価販売」の営業方針が大額で掲げてありました。

西大寺観音院の再建に尽す

初代茂兵衛が呉服を取り扱うようになったのは、安政四年の西之町移転の新店舗からです。時代は江戸後期に入り、人々の生活レベルも向上し、服装も次第に華美になりつつあるときでした。婦人の帯も今日のような幅の広いものが使用され始め、袖も小袖から長いものへと変わりつつありました。備前藩ではたびたび奢侈禁止令を出しましたが、庶民は禁令をかわす知恵を生み出し、外出時は粗末な木綿ものを着ましたが、内着には絹物を着たり、表は地味にして裏に派手な模様を付けるなどの工夫をして心を満たしていたのです。茂兵衛の呉服進出は、このような一般の風潮を見据えた上でのことでした。

茂兵衛は商品知識もなく経験もないところから、仕入先を信頼し、その意見を十分聞いた上で品揃えを行ないました。売り出してみると、天満屋の品は上方で流行している新しい柄だということで評判になり、たちまち品切れが出る盛況を見たのです。茂兵衛父子は、これも日ごろの信心のおかげと観音院に感謝するとともに、商売においては仕入先がいかに大切であるかを肝に銘じたのです。以来、天満屋では、仕入先に対しては礼を尽し、支払いその他、約束事は厳格なまでに誠意をもって履行することになります。

こうして、拡大しつつあった潜在市場を見事にとらえた茂兵衛は、主力商品に呉服を加えることによって、着々と「よろず商う店」実現の道を歩みます。思えば、二十四歳のときの夢を実現するときが目前に迫ってきたのです。ところがその矢先、茂兵衛が心から信心していた西大寺観音院の本堂が全焼してしまいます。嘉永七年一月十八日のことでした。

茂兵衛は毎朝仮本堂にお参りをしながら、自らの夢実現への歩みを思い返し、一日も早い復興を願わずにはおられませんでした。そこで店を養子の定五郎に任せて、西大寺観音院の再建活動に取り組み始めます。その結果、茂兵衛の地元有力者たちへの働きかけが功を奏して、安政三年正月から募金活動が開始されるようになりました。茂兵衛は募金の元請という表舞台は地元有力者に任せ、裏方として町内を回り、誠心誠意、募金活動を促進いたします。その結果、文久二年（一八六二）八月二十八日に立柱式、翌三年十一月に堂宇の完成にいたりましたが、茂兵衛は志なかばで病に倒れ、立柱式を見ることもなく七十歳の生涯を終えてしまいます。西之町へ移って五年、文久二年六月八日のことでした。

養子定五郎は二代茂兵衛を襲名し、父の果たせなかった夢を引き継ぎます。のちに「茂」「兵衛」が止め名となったため「藻平」と改名いたします。そしてその六年後に明治維新が訪れました。

時代を先取りして天満屋の基礎を不動のものにする

明治維新は、日本が長年培ってきた封建体制から近代国家への転換期にあって、人々にとって全く未経験のことばかりでした。西洋文明がなだれのように押し寄せ、すべてが文明開化でなければ済まない時代となりましたが、一方ではまだまだ昔ながらのしきたり、習慣が根強く、商売人の世界では、依然として、老舗ののれんに頼る古い商法が行なわれていたのです。しかし、時の流れを見極めて、いち早く時代を先取りするものは栄え、時流に乗り遅れるものは衰微していきます。二代茂兵衛は、この転機を巧みにとらえ、天満屋の基礎を不動のものといたします。

きっかけは大坂の商人が持ち込んだ広幅の新しい着尺、フクリン（モスリンの一種）でした。これを店に並べたところ大変な好評で、伝え聞いた客が次々と訪れて、たちまち売り切れてしまったのです。このことで輸入品の潜在需要を察知した二代茂兵衛は、直ちに大坂に走り、フクリンのほかに唐ちりめん（現在のモスリン）、唐しゅす（広幅の毛ジュス）、唐糸（紡績機械撚り綿糸）、半唐木綿（横が十六番手、縦が二十番手の綿織物）などの「唐物」（輸入品）を大量に仕入れてきて販売いたします。これがまた売れに売れて、すぐに追加仕入れをしなければならないほど売れたのです。そこでさらにトンビ（インバネス）、コウモリガサ、シャッポ（帽子）、スリ火（マッチ）、西洋洗粉（石けん）、西洋手ぬぐい（タオル）、首巻き、肩掛けなど、当時のハイカラ品を扱い品目に加えていったところ、いずれも売れ行きは上々で、天満屋はまるでファッションの最先端をいく「舶来洋雑貨店」のような様相を呈したのです。特に西南戦争後のインフレ景気のときには客足が引きもきらず、店の者は朝から晩まで立ち通しで食事もままにならないほどの繁盛ぶりであったと伝えられています。

こうして初代伊原木茂兵衛の「あらゆる品物を薄利で、現金掛け値なしで多売する店」という夢は見事に花開いていったのです。

不況を逆手に業容を拡大した二代目

やがてその反動として不況となりますが、二代藻平は農村部へ行商隊を繰り出すことによってその対応策をとります。同時に雑貨と小間物を分離してそれぞれ独立店とし、自身は呉服店に全力を集中しました。店頭に座って客を待つ商売から積極的に行商隊を繰り出すことによって天満屋は、吉井川流域の穀倉地帯に着実に商圏を伸ばしていきました。

そして二代藻平は、儲けた金で土地を買い、小作米収入による利殖という堅実な商売路線を加えます。明治二十一年（一八八八）には岡山県下六番目の大地主となり、最盛時には土蔵に一万俵からの小作米があったといいます。そのため土蔵が空いている期間は倉庫業を行なうこととし、さらには余裕資金を動かして金融業にまで手を伸ばしました。現在の中国銀行は、この二代藻平の始めた二伊商会が前身となっています。こうして二代藻平は、生来の優れた商才により父の夢を発展させていったのです。

二代藻平の墓碑銘には、「翁は人と為り篤実温和、才商業に敏し。其の物を鬻ぐや、価を弐にせず、粗悪を禁じ、精良を撰び、利を薄くし、販を広くす。是れにより信用頗る厚く、商業弥々盛んに、富遂に一郡に雄たり。然れども謙退敢えて人に驕らず、益々誠実を守り、且つ義を為すに勇たり。是の故に水旱疾疫の難、鰥寡孤独の窮有らば、則ち之を賑恤し、孜孜として唯後れんことのみを恐る。又金を献じ国用に供し、褒賞を蒙ること数々たり。而して自ら奉ずること簡素に、深く耳目の欲を慎み、専ら本業に務む。常に僮僕と起臥を同じくし、勤倹善く、家を治むと云ふ。云々」とあります。

読んだとおりの内容ですが、概略すると次のようになります。

「二代藻平は人情に厚く誠実温和な人柄で、商才に長けていました。物を売るのに価格を二倍にせず、粗悪品を禁じ、すぐれてよい品を撰び、薄利多売しました。このことにより信用が非常に厚く、商売はますます盛んになり、資産は町内有数のものになりました。けれども謙虚で驕らず、ますます誠実に、人として尽すべき道に励みました。そのため水害や干ばつや疫病といった災害時や、妻をなくしたり夫をなくして困っている人がいれば、真っ先に施しをしたのです。また国のために寄付をして褒賞されることもたびたびでした。

そうして自分は質素な生活をし、諸種の欲望を慎み、ひたすら本業に励みました。常に従業員と日常の暮らしを共にして、まじめに働き浪費しなかったので、よく家が治まりました」

この二代藻平の墓碑銘にある「価を弐にせず、粗悪を禁じ、精良を撰び、利を薄くし、販を広くす」「自ら奉ずること簡素に、深く耳目の欲を慎み、専ら本業に務む。常に僮僕と起臥を同じくし、勤倹善く、家を治む」という内容は、初代茂兵衛の画賛にある「酷利を貪らず」と符牒「ヨロズアキナウミセ、イチリムモマケナシ、ハクリワノチタメソ、アサヨリミセハヤク、ミズカラフクキタル、イツマデモサカエル」の精神を、正しく継承し発展させたものといえます。

個人経営から会社組織に発展させた三代目

こうして着々と初代茂兵衛の夢を現実のものとして発展させてきた二代藻平の「天満屋」伊原木呉服店を、個人経営から会社組織に改めたのは三代藻平でした。

明治二十九年（一八九六）十二月一日、三十一歳の伊原木久三郎（二代の養子、のち三代藻平を襲名）は、個人経営であった伊原木呉服店を資本金一千万円の合名会社伊原木呉服店に改めます。この旧来の呉服店の体制を、のれんと家名の分離を行なって会社組織に変更したということは、当時としては破天荒なことで、業界では明治二十六年に越後屋呉服店が合名会社に組織変更していたにすぎず、地方の呉服商が会社組織を採用したケースとしては最も早い例の一つでした。

そして、これまでは卸売が七、小売りが三の割合であったのを小売り専業に絞り、「一厘もまけなし」の「掛け値なし」符牒販売を一歩進めて「正札販売」を始めたのです。これはまたたく間に顧客の間に浸透し、「天満屋は子供が行っても、大人が行っても同じ値段だから安心して買い物ができる」という評判が高まりました。

三代藻平はこの正札販売を裏付けるために仕入れ方法の改善に取り組みました。各商品、各小売市場を徹底的に調査し、仕入先および顧客などの意見を参考にして、各商品別に値入れの率を設定したのです。それにより天満屋の全商品は、仕入れた者以外の人間が値入れ率表に従って値付けすることになり、安く仕入れたからといって決して「酷利を貪らず」、水増しの販売価格になることがないようになったのです。

当時の宛名広告を見ると、

一、確実な正札が付いています（弊店の特色）
一、安い値段が付いています（弊店の特色）
一、もし万一お気にめさない場合、また他店と比較して値段が高い場合は、いつでもお引換えいたします（弊店の特色）
　明治三十二年六月
　　　　　　　　　　　　　　てんまや事　合名会社伊原木呉服店

と明記されており、初代の願った「あらゆる品物を薄利で、現金掛け値なしで多売する店」という夢が、二代三代と受け継がれ、見事に実践され結実していったことがわかります。

大正元年（一九一二）、岡山・西大寺間に軽便鉄道が開通し、近在の客が岡山の商店街へ流れ出すと、三代藻平は時を移さず岡山へ進出して支店を開設します。

大正七年（一九一八）六月、合名会社の存立期間満了を機に株式会社組織へ改め、資本金二十万円の天満屋株式会社を設立、そして二代のときに分離した雑貨店と小間物店を再び傘下に加え、「よろず商ぅ店」にします。

大正九年、第一次世界大戦後の恐慌により物価が暴落し、呉服も半値という状況になると、すかさず「手持ちを抑えて回転を上げる」方針の徹底により、この不況を切り抜けます。

大正十一年五月には、下之町に綿布太物、洋反物専門の分店を設け、これまでの座売りを立ち売りに改め、ガラス戸棚に壁掛けという当時の岡山では最も新しい陳列販売の方式をとり入れて浴衣を売り、一日に二千反も売るという記録をつくります。

このような分店の盛況に自信を深めた三代藻平は、大正十四年（一九二五）三月十日、分店裏の新店舗の完成を機に、天満屋の営業形態を百貨店方式にいたしました。現在の百貨店「天満屋」の誕生です。

日本に百貨店が誕生するまで

日本の百貨店の起源は、三越の「デパートメントストア宣言」に始まる、というのが定説です。それ以降、それまでの老舗呉服店が次々と百貨店化を図り、以来、「贅沢の民主化」

「消費の殿堂」「スペクタル空間」「商業のカテドラル（大伽藍）」などいろいろな形容が与えられて、日本小売業界における百貨店全盛時代が始まっていくのです。しかし、日本の百貨店のルーツというものをじっくり考えてみるとき、果たして三越のデパートメント・ストア宣言だけが日本の百貨店の起源であったのでしょうか。

三越の「デパートメントストア宣言」とは、明治三十七年（一九〇四）十二月二十日、越後屋から始まった三井呉服店が、従来属していた三井家の手を離れて独立の株式会社「三越」となった際に、各新聞紙上に出した一ページ大の広告のことです。そこには、

「当店販売の商品は今後一層其種類を増加し凡そ呉服装飾に関する品物は一棟の下にて御用弁相成候様設備致し結局米国に行はるるデパートメントストーアの一部を実現可致候事」

と述べられています。これを読むと、今後三越は、「販売商品の種類拡大」ということと、少なくとも「呉服に関する品物はすべて当店でご用が足りるようにする」ということによって「米国で行なわれているデパートメントストアの一部を実現する」と宣言しているのです。従って三越は、明治三十七年に「米国のデパートメントストアを模倣する」道を選んで百貨店化していったのです。確かに三越は、鹿鳴館時代から洋服部を持っておりました

が、本格的な多品種の品揃えはデパートメントストア宣言以降に行なわれています。

三越呉服店は、この宣言に沿って明治三十八年に化粧品、帽子、小児用服飾品を、明治四十年に鞄、靴、洋傘、食堂、写真を、明治四十一年に貴金属、たばこ、文房具を加えて取り扱い商品を拡大していきました。

日本ではこの三越呉服店を第一号として、明治四十年ごろから、松坂屋、白木屋、松屋、高島屋、大丸などの呉服店が、経営形態を株式会社または合資会社に切り換え、営業形態も百貨店方式に切り換えていったのです。

世界で最初の百貨店ボン・マルシェ

世界の商業史をひもといてみると、近代商法としての百貨店がいつ誕生したかというデパートの起源については、一八五二年にアリスティッド・ブシコーによってパリに誕生した「ボン・マルシェ」が世界最初のデパートであるというのがこれまでの定説となっています。しかし、これは少し修正する必要があります。

その第一は、フランスの首都パリに誕生した世界最初のデパート「ボン・マルシェ」は、アリスティッド・ブシコーとその夫人マルグリットの共同作業によって発明されたものであるということです。二つ目は、デパートにまで発展する近代商法の起源は「マガザン・ド・ヌヴォテ」すなわち新たに登場した「流行品店」にあったということです。三つ目は、ブシコー夫妻の発明といわれるデパートの事実上の誕生は、一八七二年に第一期工事が完成したボン・マルシェの新館オープンからであるということです。

デパート商法の特色はいろいろありますが、多種類の商品を多量に売る装置としての絶対的条件として、何よりも巨大なスペースと店舗が必要です。ブシコー夫妻は、人々の欲望を刺激し魅了した「万国博覧会」と同じような「スペクタクル空間」をデパートの中に創造しようと努力しました。そしてそれにふさわしい「豪華絢爛たる建物」を完成したのが一八七二年（第一期工事の完成。全館完成は一八八七年）であったからです。

アリスティッド・ブシコーは、「プチ・サン＝トマ」という「マガザン・ド・ヌヴォテ（流行品店）」の店員時代に、近所のチーズ店の雇われ経営者であったマルグリット・ゲランと結婚します。二人は将来を夢見ながら、貯金と「マガザン・ド・ヌヴォテ」のノウハウ修得に励みます。「マガザン・ド・ヌヴォテ」とは、「ヌヴォテ」つまり女物の布地などの流行品を販売する衣料品店を意味し、明るくて大きなショー・ウィンドー、建物の三、四階までを使った広々とした店内、棚にきちんと整理された色とりどりの布地や衣服、そして、それを効果的に演出する照明、そして正札が付いた店でした。

ブシコーは、この「マガザン・ド・ヌヴォテ」の「プチ・サン＝トマ」で多くのことを学びます。それに妻のマルグリットがアイデアを加えました。店で女性が欲しがるもの、こういう設備があればいいと思うもの、あるいは、女性が買い物をするときにアリバイとして必要とするもの、こうしたものすべてをマルグリットは夫に提案し、後の販売戦略の糧にしたのです。特に、独立後の労務管理面でのアイデアは素晴らしいものでした。従業員の歩合給制度や持株社員制度を考え出したのはマルグリットでした。

ブシコー夫妻がノウハウを育《はぐく》んだマガザン・ド・ヌヴォテは、古いタイプの商店とは明らかに一線を画す販売方法をとっていました。

まず、「入店の自由」です。それまでの商店は、店内が薄暗く、天井は低く、まるで洞くつのようで、奥のほうに店員が待ち構えていて、顔見知りでないと入っていけないような雰囲気だったからです。そうはいっても、マガザン・ド・ヌヴォテからの退店の自由はありませんでした。店に一歩足を踏み入れれば、何も買わずに出てくることは非常に難しい状況にあったのです。

第二は「現金販売」ということでした。それまでの商店は、ほとんどが客に対し、ツケ買いか、長期の手形を認めていて、当然、利息が代金に上乗せしてありました。マガザン・ド・ヌヴォテは、利息の分を価格から引く代わりに現金購入を要求したのです。このことは、近所の顔見知りに限られていた狭い顧客層を、「不特定多数」の幅広い層にまで広げることになりました。すなわち、絶対的な必要に迫られて買いにくる客以外に、潜在的な買い物客を導き入れる効果が出てきたのです。また、店によっては、現金で買ってもらう代わりに「返品」を認めるという販売方式を採用するところもありました。これは従来の、いったん取引が済んでしまえば、商品が不良であっても不満足であっても、返品や交換に応じてくれなかった古いタイプの商店とは正反対の販売方式でした。

一八五二年、ブシコーは「プチ・サン゠トマ」を辞めて、夫婦でためた貯金を元手に「ボン・マルシェ」というマガザン・ド・ヌヴォテの共同経営者になります。そしてその十一年後の一八六三年には、残りの半分の権利も買い取って「ボン・マルシェ」を完全に自分のものにします。

ブシコー夫妻は、マガザン・ド・ヌヴォテが既に採用していた「入店自由」に「退店自由」を加え、「定価明示」「現金販売」「返品可」などの販売方法をさらに徹底させたほか、

「薄利多売方式」を強力に推し進めました。ブシコー夫妻は、量産商品以外の高級品も含めて、店で扱うすべての商品の小売りマージンを大幅に引き下げて回転効率を上げたのです。まさに店名「ボン・マルシェ」（「安い」という意味）にふさわしい商法でした。

それまで安売りの商品に釣られてマガザン・ド・ヌヴォテに入って、結局高い商品を買わされてしまうことの多かった消費者が、「どの品も安く買える」ということでボン・マルシェに殺到したのは自然の成り行きでした。実際、他店で三〇％から四〇％のマージンで売られていた商品が、ボン・マルシェでは通常二〇％から一八％、純利益では四％から五％の薄利で販売されていたのです。

こうした薄利多売方式が軌道に乗ると、商品回転率は飛躍的に向上します。そしてそれにより三ヵ月期限の手形を使っていた仕入れは一ヵ月期限の手形で行なえるようになり、割り引かれた利息分をさらに仕入れに回すことができるようになりました。このことはブシコー夫妻に、長期手形を受け入れてもらう必要上から生じる制約、すなわち仕入先を固定する義理からの解放をもたらしたのです。ブシコー夫妻は少しでも安い仕入先を選んで仕入れることによって、価格をさらに引き下げることが可能になったほか、品質と販売価格の点でも、さらにバラエティに富む品揃えができるようになったのです。

一八七二年、ブシコー夫妻は「グラン・マガザン（大きな店）」といわれるボン・マルシェの新館をオープンいたします。ブシコー夫妻は巨大で豪華絢爛な店舗をつくることによって、商業空間を超える魅力的なスペクタクル空間をつくり出しました。すなわち、この時点をもって、今日のデパートにつながる欲望喚起装置としてのデパートが始まったと言ってもよいのです。

従ってブシコー夫妻の発明といわれるデパートの事実上の誕生は、正確には「一八七二年」に第一期工事が完成した壮麗な建物（新館）の出現をもって百貨店の始まりと見なすべきだということです。

何となれば、ブシコー夫妻が共同経営者になった一八五二年当時のボン・マルシェの取り扱い商品は、絹、綿、ラシャ生地のほかには、数点の既製服があるだけでしたし、既製服といってもケープ、ストール程度のもので、生活関連用品ではシーツ類と小間物、婦人用帽子が扱われているにすぎませんでした。六〇年代に入っても、マントやコート、手袋、ブラウス、ワイシャツ、ネクタイ、傘、下着、靴下、じゅうたんなどが加わった程度です。一八七二年の新館オープン以後は、既製服の売り場が大幅に増えて、紳士用スーツ、婦人用スーツ、ドレス、子供服、ベッド、椅子、テーブル、食器、台所用品、皮革製品、文房具、装身具、陶磁器、漆器、香水、造花、旅行用品、靴、玩具、キャンプ用品、スポーツウェア、水着、貴金属などが加わって、ほぼ今日のデパート並みの品揃えになってきたことがわかっているからです。

それではここで、世界で最初のデパートの発明者ブシコー夫妻が採用した近代商法の特徴を整理しておきましょう。一八五二年、ブシコー夫妻がボン・マルシェで採用した新しい商法は次のようなものでした。

①顧客が何の遠慮も気兼ねもなく出入りできるようにしました。
②商品にプライス・カードを付け、だれにでも同じ値段で売るようにしました。
③商品を大量陳列して、顧客が手に取って見られるようにしました。
④商品が気に入らないときには、顧客は商品を返品できるようにしました。
⑤低価格販売を行なうために、現金販売による低差益・高回転の営業方針をとりました。

これらはすべてマガザン・ド・ヌヴォテで行なわれていた商法を起源としています。ブシコー夫妻は、それをさらに発展させて、欲望喚起装置としての豪華絢爛たる店舗に収めることによって、今日の百貨店の原型を完成させたのです。

ブシコー夫妻の投じた一石は、ヨーロッパ大陸に波紋を呼び、さらに海を越えて、イギリス、アメリカにも大きな影響を及ぼしました。アメリカでは一八五八年にメーシー、一八六一年にワナメーカー、一八六六年にマーシャル・フィールドが創立され、それを見習った三越のデパートメントストア宣言は明治三十七年すなわち一九〇四年に出されます。

最初に百貨店を思い付いたのは?

確かに、「現金正札売り」ということだけで百貨店ということにすれば、天和三年（一六八三）に三越の前身である越後屋呉服店が「現金安売り掛け値なし」を実行しています。しかし越後屋の場合は、江戸時代の全期間を通じて呉服類だけを扱いました。明治時代に入って欧米先進国の例にならって扱い商品の種類を広げてはまいりましたが、品揃え、組織、設備、営業方法の面からも完全に近代化して、いわゆる百貨店方式になったのは明治三十七年（一九〇四）のデパートメントストア宣言以降になるのです。従って日本の百貨店の始まりは、米国のデパートメントストアをまねした「三越」であるということになったのです。

しかしその一方、華の都江戸（東京）から遠く離れた岡山の西大寺というところで、最初からいまで言う百貨店をつくりたいと独自に創案して、その実現に努力した商人がいたということも事実です。

皆さまは天満屋の初代伊原木茂兵衛が、文化十三年（一八一六）、二十四歳のときに抱いた夢をどう評価されますか。「あらゆる品物を薄利で、現金掛け値なしで多売する店」をつくりたいという夢は、今日の百貨店そのものの創案ではないでしょうか。そして文政十二年（一八二九）、星貨舗を開店するときに定めた符牒は何を目指していると思われますか。

ヨロズアキナウミセ
イチリムモマケナシ
ハクリワノチタメソ
アサヨリミセハヤク
ミズカラフクキタル
イツマデモサカエル

皆さまもブシコー夫妻がボン・マルシェで採用した商法と酷似していることに気付かれたことと思います。ブシコー夫妻はマガザン・ド・ヌヴォテ「プチ・サン＝トマ」の店員時代に学んだことから商売改善のヒントを見いだし、一八七二年にお客さまの求めていた百貨店方式にたどり着きました。ところが岡山の西大寺では、最初からそういう小売形態を思い付き、つくりたいと努力した商人がいたということです。

残念ながら、最終的に初代伊原木茂兵衛の夢が百貨店となって実現するのは、ブシコー夫妻より、また三越より遅れましたが、文化十三年（一八一六）に日本の一地方の一人の人間の思い立った夢が、もしかしたら世界最初の百貨店の原型であったのかもしれないのです。最初から海外の模倣でつくられてきたと思われている日本の百貨店に、日本独自の別の流れがあったかもしれないと考えることは、大変興味深く意義深いことだと思うのです。

参考資料

①「天満屋百五十年史」㈱天満屋　編刊
②「天満屋創業一五〇周年記念講演〝老舗にみる経営の原点〟」吉田安伸著　㈱天満屋
③「百貨店ものがたり」飛田健彦著　国書刊行会
④「岡山県の歴史散歩」岡山県高等学校教育研究会社会科部会歴史分科会編　山川出版社

⑤「日本小売業経営史」　社団法人　公開経営指導協会　編刊
⑥「百貨店」　土屋好重著　アテネ文庫
⑦「百貨店の話」　日本経済新聞社　編刊
⑧「現代の百貨店」　高丘季昭・小山周三著　日本経済新聞社
⑨「現代の百貨店」　小山周三著　日経文庫
⑩「デパートを発明した夫婦」　鹿島茂著　講談社現代新書

第七章　小林一三
――日本初のターミナル百貨店を作った男　阪急

理想と現実の調和を図る

ターミナルデパート阪急百貨店の創設者小林一三は、明治六年一月三日に生まれました。明治二十五年に慶應義塾を卒業し、三井銀行に入社。十五年後の三十四歳の時に退職し、箕面有馬電気鉄道株式会社（現阪急電鉄）を設立。その後の努力の過程から、誰もが知っている温泉が生まれ、住宅経営が生まれ、宝塚歌劇が生まれ、阪急デパートが生まれました。

小林一三の遺した言葉に、

『百里先の見える人は、気違いにされる。
現状に踏みとどまる者は、落伍者になる。

十里先を見て、それを実行する人が、世の成功者である』というのがあります。これは小林一三の体験から生まれた商売上の「格言」と言えるでしょう。

小林一三は、大抵の人が見過ごしてしまうことを心に留めておき、十分に研究を重ねたうえで「問題解決」の糸口をつかみ、それから企業化していきました。企業化の過程では、徹底した合理主義で周囲の事情を見きわめ、一歩一歩実績を積み上げて「理想と現実の調和」を図っていったのです。

小林一三が実業界に乗り出し、後に「今太閤」と呼ばれるようになったのは、まったくの偶然からでした。三井銀行調査部にいた小林は、三井銀行の先輩で北浜銀行頭取の岩下清周にスカウトされて、大阪に設立する証券会社の経営を引き受けて三井銀行を退社しました。

ところが日露戦争後の反動不況に襲われて、計画自体が挫折してしまうのです。やむなく浪人生活をおくっているときに、箕面有馬電気鉄道設立の話を持ち込まれます。

とはいえ、日露戦争後の経済界は不況のどん底だったので、小林一三がこの会社を軌道に乗せるまでの苦労は並大抵のことではありませんでした。社長兼小使のとおり、小林は一切合財を一人で仕切り、百方奔走の末に新会社を設立し、資金不足の中で新線を開通させるのです。線路は敷いたものの、乗客はなく、電車は無人の原野を走るだけです。一刻も早く乗客を増やし、収入を確保しなければなりません。

そこで小林が打った手は、沿線に市街地建設計画を発表し、大阪市民の関心を集めることでした。最初の市街地建設は大阪府下の池田。ここに新しい住宅地をつくり、一般に売り出し、次に桜井と広げていったのです。これにより新会社は、土地分譲の利益と新しい乗客を得ることができました。

新線の終点駅は、武庫川のほとりにある一寒村の宝塚でした。宝塚には山と川しかありません。その山奥の温泉場へたくさんのお客様を引っぱり出すためには、何か新しい目先の変わったものをこしらえるよりほか仕方がない。そこで小林が考え出した案は、川岸の鉱泉を活用して新しい温泉郷をつくることでした。

また、その施設の一部として宝塚遊園地をつくりました。そしてその当時、大阪三越の少年音楽隊が人気を博し、日本における歌劇ブーム到来の兆しを読みとっていた小林は、宝塚少女唱歌隊をつくり、遊園地内の建物で歌わせたのです。この計画は見事に当たり、あまりの評判の良さに、遊園地内には三千人収容の大劇場がつくられ、東京には東京宝塚劇場がつくられるようになります。

駅という圧倒的な集客機能に着眼

阪急百貨店という日本最初のターミナルデパートを創ったのも、小林一三でした。小林は鉄道、住宅、温泉、宝塚歌劇の次に百貨店に興味を持ち、三越本店や白木屋、松屋本店のように都会の真ん中にあるものとされていたデパートを、大都市の片隅の電車の始発駅の屋上につくろうとしたのです。

当時、電鉄会社が百貨店を経営しているケースは日本にも外国にもありませんでした。しかし、前例がないからといって思い付きを止めるような小林ではありません。まず、阪急梅田駅に建坪八十坪の事務館ビルを建て、その一階に白木屋の売店を招いてテストしたのです。これがよく売れるさまを見ていた小林は、本腰を入れて百貨店経営に乗り出そうと、郷里の先輩であり、東京で盛業中の百貨店の社長に相談に行ったのです。

ところが、「それは君よしたまえ、百貨店などは素人にやれるものではない。他のことはとにかく、君の晩節を汚すから百貨店はやめたまえ」というのが返事でした。

しかし、小林には小林なりの成算がありました。小林の既存百貨店に対する見方は、集客のために経費がかかり過ぎているということにありました。その当時、百貨店という百貨店は、自動車を使ってお客様を送り迎えしていたし、たくさんの経費をかけた催し物を行ってお客様を集めていたのです。小林の調べたところでは、その当時の入店客数は松屋本店が一日に五万人、三越本店が八万人でした。小林は、一日に何万人かのお客様を集めるために金をかけるのが百貨店のやり方だとしたならば、自分のやっている阪急のターミナル駅とは一体何なのだろうと考えたのです。

当時の阪急梅田駅では、常時、一日十二〜十三万人のお客様が乗り降りしていました。それなのに、阪急梅田駅の乗降客が利用しているのは地上の一階部分だけです。その上も下も利用はされていないのです。

だから小林は、この上下階に売場をつくれば乗降客にとっては大変便利になるに違いないと考えたのです。「自分の所でやれば、放っておいても一日に十何万人は確保できているのだから、お客様を集める経費はいらなくなる。この経費がいらないとして計算すれば、他のどこの百貨店よりも一割は安く売れるはずである。一割安くしてサービスに全力を尽くせば、どんな素人がやったとしても、商売として成り立つはずだ。あとは無駄な経費を使わず、お客様の声を聞きながら、謙虚に一生懸命にやっていくことだ。そうすれば必ず成功する」と小林は考えたのです。

そして郷里の先輩である百貨店社長の反対にもめげず、最初小さな売場から始めて、これが軌道に乗ってくると売場を拡大し、次々と増築を重ねていったのです。現在の阪急百貨店（梅田本店）が四回の増築を経て今日の規模になっている姿を見るにつけても、小林一三の石橋を叩いて渡る堅実な商法がわかるのです。

研究熱心さを表す「スッポンの吸物」の逸話

小林一三は、「事業成功の真髄は？」と聞かれたときに、「何事も軽率に着手しないこと、着手する迄は十分に考へていよいよ着手してもよいと確信するに至つても、尚一度静かに考へ直して暫らく冷静に思案すること、そして又初めから新しく立案して、それでいよいよ着手すること。着手した以上は猛然として進むこと。要するに事業経営の神髄は予備行為準備行為に充分の用意をすることであると思ふ。即ち基礎に重きを置くことである。馬鹿念を押すに限ると思ふのである」と答えています。

小林一三は、このように事前の調査研究を最も大切にした人でした。物事を成すにあたっては、「当初において研究は十分にしなければならぬ。研究が粗漏であってはいけません」というのが彼の口ぐせでした。この小林の研究熱心を示すエピソードとして「スッポンの吸物」の話があります。

当時、阪急百貨店の食堂では、スッポンの吸物を四十銭の弁当につけて出していました。だいたい、スッポンの吸物だけでも五十銭はとっていた時代に弁当代込みで四十銭なのですから、いかに安いかがわかろうというものです。あまり安すぎて競争にならなかった同業者達は、「四十銭の弁当にスッポンの吸物を出せるわけがない。あれはガマ蛙の肉かなんかだろう」と悪口を言っていたのです。

日本で使うスッポンは中国産が主体です。中国ではスッポンとか亀類は食べないので、シーズンになると盛んに日本に輸出いたします。スッポンはシーズン以外には獲れないので、日本に持ってきたスッポンは養殖しておいて食用に使うのです。しかし、持ってくるときに小便がかかると死んでしまうので、生きたまま輸入することが難しいうえに、最大のネックは、日本に持ってきたスッポンに四割の税金がかかることでした。

小林が調べていくと、スッポン料理というものは、結局は味つけが決め手であることがわかってまいりました。そこで小林は、食堂主任を中国に行かせ、シーズンオフに現地の時価で大量に仕入れさせ、すべて頭を取って冷凍にし、それから毎月、天津の冷凍庫から冷凍船で日本へ持ってくるように指示したのです。

冷凍品ですから、小便による運搬中のロスはゼロになります。おまけに生き物の輸入ではないから、薬種品扱いで税金が一割しかかからない仕組みになります。このようにしてコストを削減していますから、スッポンの吸物を四十銭の弁当とセットで提供し、お客様に喜ばれ、採算もとれていたのです。小林はこのとき、「研究さえすれば、まだまだいくらでもよい仕事はあるだろうと思います」と語っています。

この時代だから証明される「努力の店に不景気なし」

このように小林一三は、「十里先を見て」時代の潮流を捉え、それをよく調べ研究し、間違いなくお客様が満足されるやり方を発見し、事業として実現化していったのです。近年、「価格破壊」とか「価格革命」と言って顧客満足（CS）を訴えるケースが増えてきています。

しかし、実際に昨日まで売場に並べられていた商品が安くなっているのなら価値もありますが、実際には一度も正価で売られたことのない商品が市価の半値であるとして売り出されたとしても、それでは何の意味もありません。真の「価格破壊」、真の「価格革命」というのは、小林一三が「スッポンの吸物」で実施したように、知恵を使い、無駄を省いて、仕入先とも共存共栄で、お客様に良い品を安く提供することこそを言うのです。

小林は、「それはいかにもありふれた言葉のようだが、成功の秘訣は『独創と努力にある』ということである。多くの人は『不景気だ！』と徒らに溜息を吐いているが、しかし『努力の店に不景気なし』ということは、不景気の今日、なお随分と沢山証明されているのである。不景気なるが故に一層『独創と努力』を必要とするのである」と語っています。

参考資料

①「私の行き方」　小林一三著　阪急電鉄株式会社
②「財界人思想全集　第二巻　経営哲学・経営理念（昭和編）」　ダイヤモンド社編刊
③「百貨店ものがたり」　飛田健彦著　国書刊行会

第八章　山本宗二

――顧客志向マーチャンダイジングの基礎を築いた男　伊勢丹

鞍馬天狗のモデル中村天風

中村天風は、明治九年（一八七六）七月三十日、現在の東京都北区王子に生まれ、本名は中村三郎、父は九州柳川藩主一門の出です。

十六歳のとき、頭山満翁の玄洋社に預けられ、日清・日露戦争で軍事探偵として活躍しました。三十歳のときに死病と恐れられていた奔馬性肺結核になり、救いを求めて欧米へ。偶然出会ったヨガの大聖人カリアッパ師に教えを受け、ヒマラヤ山脈のカンチェンジュンガ山麓で悟りを開き、日本人初のヨガ直伝者となります。病気が治り帰国後、東京実業貯蔵銀行頭取をはじめ、いくつかの会社を経営、実業界で大成功を収めました。

大正八年（一九一九）、四十三歳のとき、大いに感ずるところがあり、それまでの一切の社会的地位と財産を放棄し、大道で辻説法をして「統一協会」（のちに「統一哲医学会」、現在の「財団法人天風会」）を創設いたします。昭和四十三年（一九六八）十二月一日帰霊。享年九十二歳。

この人物をモデルに書き上げられた時代小説のヒーローが、大仏次郎の「鞍馬天狗」です。

伊勢丹の立役者・山本宗二が感銘を受けた中村天風

今から四十一年ほど前、東横百貨店社長五島昇から副社長に迎えられた男がいました。その男の名は山本宗二。元伊勢丹常務取締役で、百貨店業界で「買いの山本、売りの田中」と、東京と大阪で並び称されていた人物の一人でした。

山本は、今日の伊勢丹の基礎を作った人物です。社内では「山本天星」と言われるほどの辣腕ぶりを示し、店員出身としては初めて伊勢丹の役員になった人でした。戦後、進駐軍に接収され最後まで同業百貨店に差をつけられていた伊勢丹が、近代的マーチャンダイジングのトップレベルの百貨店への生まれ変わりを果たしたのは、山本の力に負うところが大きいのです。

黒川昭治（元伊勢丹取締役）が伊勢丹での駆け出し時代、当時の伊勢丹社長二代目小菅丹治に「他の百貨店には支店がいっぱいあるのに、なぜ伊勢丹には立川支店一つしかないのでしょうか？」と素朴な疑問をぶつけたとき、彼は「山本宗二のような人材がもっといれば、私はもっとたくさん支店をつくっていたよ」と答えたといいます。

このように社長からも人格と能力を買われ、伊勢丹営業面のトップとして縦横に腕をふるっていた山本ではありましたが、時には精神的に大きく落ち込むこともありました。いわゆるノイローゼです。体調を崩していたということもあるでしょうが、三百六十五日同じことを繰り返し、「儲かった、どうした」と言っていること自体が空虚に思えてきてしまったのです。

その山本が立ち直ることができたのは、毎月一回、護国寺で行われていた天風会の例会で中村天風の話を聞く機会を得たからでした。

山本は、中村天風から「この世の中に人間は何のために生まれて来たのか。その目的は世の中の進化と向上に寄与するためである。精神と肉体は別々のものではなく、一体のものである。人間というのは、身体を丈夫にするためには胃腸を丈夫にするとか、栄養をとるとか、物質的なものだけを強くすることを考えるけれど、それだけではいけない。身体と結びついた心をいかに強くするかということを考えるべきなのだ」ということを学んだのです。

この天風会は、宗教団体でも修養の会でも健康法の会でもありません。中村天風が、人間の心も体も健やかに、本当に幸福な人生を生きるため、命の充実を図る実際方法として、辻説法から始めたものが発展し大きくなったものです。紹介による会員組織であり、宣伝をしていないので一般にはあまり知られていませんが、この種の団体としては珍しく財団法人として認められています。このことは、中村天風の教えの正当性を示す何よりの証拠と言えるでしょう。

会員には松下幸之助、大仏次郎、浅野総一郎、双葉山定次、宇野千代、岩崎弥太郎、御木本幸吉、山本宗二、山中鏆、広岡達朗、渥美清など著名人も多く、直接薫陶を受けた人は十万人、会員数はのべ百万人を超えています。

「お客様の害になるものを売らない」精神

この天風会の例会に通うことで山本は、積極的な強い心を持ち、明朗さを失わない本来の姿を取り戻すことができました。そしてそれよりも山本にとって大きかったことは、この天風の教えを商売と結びつけて考えるようになったことでした。

「自分がこの世に生を受けて、縁あって伊勢丹という百貨店に職を得たのは、買った人が得になるようなものを売れという自分に与えられた使命ではなかったのか」そう気がついた山本は、以後「世の中の進化と向上に反することは一切しない」すなわち「害になるものを売らない」ことを商売上の根本精神とすることを決意します。

この決意を山本が長男の担任であった成蹊学園の飛田多喜雄先生（故人・成蹊大学名誉教授・実践国語教育者）に話したことが、伊勢丹躍進のきっかけになりました。

「子供の成長過程で大切なことは、幼いうちに子供の精神教育に役立つ本をたくさん読ませることなんです。今は戦後の混乱期で良くない本がたくさん出回っていますが、山本さんの所で安心して子供達に推薦できる本を揃えてくだされば、父母の方々は喜ぶでしょうね」という先生の話から、山本は「良い本をすすめる委員会」を社内につくり、書籍売場の品揃えを全面的に変えてしまいました。

危険な空気銃やセルロイド製品の販売も厳禁いたしました。戦後のどさくさに紛れて出回った染色の悪い衣料品などは、「売場の商品が半分になってもよい」として一掃してしまいます。その一方、それを支えるものとして、商品試験室の機能を大幅に強化したのです。

いつの場合でも、「買ったお客様が利益を得る」ということが山本の判断の基準となっていました。「良いものを安くするにはどうしたらよいのか？」と考えるだけで山本の頭の中には、やるべきことが次から次へと浮かんできたのです。仕事へのアイディアが無限に湧いてくるから、今までと仕事に取り組む姿勢も熱意も違ってきます。こうして山本のリーダーシップによって、伊勢丹は次々と顧客の信用を勝ち取る新機軸を打ち出していったのです。

「対象別売場」の創出でハイファッション路線を確立

昭和三十一年（一九五六）、山本はファッション・デパート伊勢丹の名を世間に定着させることになる「ティーンエイジャー・ショップ」を開設いたします。山本は、戦後のベビーブームによって誕生した子供達がちょうど十歳前後になり、子供服の市場が急激に広がりつつあるのに、それに適応した洋服がないことに気がついたのです。

当時の日本の百貨店には、子供服では小さすぎるし、婦人服のSサイズでは大きすぎるという「十代独特の体形」に合った服がまったくありませんでした。これこそ顧客満足（CS）につながる商品開発であり、あったらお客様の利益になること間違いなしの商品です。

さっそく山本の指示で商品化の検討が始められました。このティーンエイジャー・ショップづくりの総指揮を任されたのが、のちに松屋百貨店社長と東武百貨店社長を歴任することになる山中鏆でした。こうして日本中の人々を驚かせ、また喜ばせることになったティーンエイジャー・ショップが誕生いたします。

山本はこのノウハウを生かして、次々と顧客ニーズに合わせた「対象別売場」を創出し、伊勢丹のハイファッション路線を確立するのです。その成功のカギは、中村天風の教えに触発されて目覚めた山本の本質を追求する探究心にありました。山本は後年、東横百貨店の副社長になったときにこう述べています。

「昔、私が何とかショップ何とかコーナーというのをこしらえた。そうしますと、どこでも何とかショップ、何とかコーナーというのがたくさん出てくるわけです。ところが、それは形だけ真似ている、名前だけ付いている。そのために実際は、そんなことを真似しなければ売上げが上がったんだろうと思うのに、内容がなくて形だけ真似したために売上げが下がってきている。ですから必ずしもその真似がいけないことはないのですが、内容を研究しないで、形だけの真似は非常にまずいことだと思うのです」

このように山本は、中村天風から学んだ「この世の中に、自分達が生を受けてきたならば何らかの世の中の人のためになることをしてやれ。それがこの世に生まれてきた一つの使命である」という教えを正しく理解し、実行に移していったのです。

お客様が得する販売を行うのが百貨店人の正しい姿

「百貨店人としてこれを具体的に言えば、我々が物を売るということは、本来、世のため、人のためになることでなければいけないのである。ただ何でもいいから売って儲けて、そうして利益だけ上げれば百貨店人として合格かと言えば、そういうものではない。

お客様というのは、一般的には、仕事として専門にやっている我々よりは商品について詳しくない。そこで我々がお客様の立場に立って、『こういう品物をお使いになったほうが得ですよ』『いまの生活には、こういう良いものが出ていますよ』ということをお知らせする。そしてお客様に代わって集めた商品を、納得のいく説明を加えてお客様に販売する。対価を支払っても、そのことによってお客様が得をする。それが百貨店としての商売のあり方なのである。『お客様のほうが商品に詳しい』などというのは、百貨店人としての怠慢・不勉強以外の何ものでもない。

このように、お客様も得をすると同時に、自分達も正当な利益を得て生活できるようにしていくのが百貨店人としての正しい姿なのである」

山本宗二は半世紀前にこのように言って、実行していったのです。山本は伊勢丹の人材を育て、組織を強化し、マーチャンダイジングを顧客志向に改めました。

伊勢丹マーチャンダイジングの基礎をつくり上げた山本は、かねてから主張していた役員定年制導入の信念に従って五十五歳で伊勢丹を去ります。その後、請われて東横百貨店（現東急百貨店）の再建に取り組み、見事に再建を成し遂げました。

山本が亡くなった一年後、東急百貨店では山本の教えを『商売の道　山本宗二言行録』（昭和四十七年一月刊）としてまとめています。その大要は、国書刊行会刊の『山本宗二の商人

道語録　百貨店人のバイブル』（飛田健彦著）に収録されています。

参考資料

①「商売の道　山本宗二言行録」㈱東急百貨店
②「所感」　山本宗二氏講話　日本百貨店協会
③「トップマンと事業」⑴　小田ミツ著　㈱全東京新聞社
④「デパートの神様　山本宗二の生涯」　斉藤直晨著　河出書房新社
⑤「百貨店ものがたり」　飛田健彦著　国書刊行会
⑥「実学の人　山中鏆の顧客満足経営」　松尾武幸著　東洋経済新報社
⑦「伊勢丹百年史」　㈱伊勢丹
⑧「ストアーズレポート」　一九七八年一〇月号掲載の「話の散弾銃」欄の「旧態依然の企業内教育」（本田純也）より　㈱ストアーズ社

第三部　百貨店の今後のために

第一章　百貨店の現状と見通し

ここからは、日本の百貨店が今後どうなっていくのか、また、そのためには何をしなければならないかについて考えると共に、そのヒントとなると思われる日本の百貨店の創始者日比翁助の語っていることを次章でご紹介していきます。

一九九〇年代後半にかけて、百貨店は売り上げの減少に歯止めがかからず、不採算店舗閉鎖を余儀なくされます。マスコミや証券アナリストは、この時とばかり、二十一世紀に日本の百貨店は生き残れないと報じました。しかし本当にそうなのでしょうか？　日本において百貨店の存在理由はなくなってしまったのでしょうか？

私はこういった否定的な見方をするマスコミ、証券アナリスト、投資家たちの見方と違って、日本の百貨店の将来は、それほど非観的な状況にあるとは思っておりません。いままで、百貨店の業績が低落の一途をたどってきた原因は、百貨店という業態が悪いのではなく、それを運営する経営陣の経営手法や環境認識の誤りにあると考えられるからです。百貨店が苦戦しているのは、最近まで長期にわたって、お客さまを忘れて商売をしていたからにほかなりません。バブル期以降最近までの百貨店は、お客さまを忘れて売り上げ第一主義に走っていましたから、お客さまに嫌われてしまったということです。現在、日本の百貨店が抱えている一番の問題点は、お客さまが百貨店に魅力を感じなくなってしまったということに、百貨店自身が気がついていないということなのです。

問題解決のヒントとしては、まず品揃えを見直すことがポイントになると私は考えています。いまの百貨店の品揃えは大変雑になっていて、商品に「穴」がいっぱいあいています。例えば「サイズがない」ということです。最近の人々の体形は、以前にくらべて大きく変わってきています。したがってサイズも以前より多様化し幅広く揃えなければいけないのに、全く揃っておりません。日本における百貨店の黎明期に、諸先輩達が取り組み、実現に努力した「お客さまの欲しいものが、欲しい時に、欲しい量だけ、欲しい値段で揃っている」という、お客さまの潜在需要を先取りしていくやり方を放棄して、そういうことは面倒くさいからと怠けてしまって、単なる「売り場貸し」に安住していたところに今日の百貨店の不振の原因があるのです。婦人服を例にとれば、商品の企画から始まって、販売員としての手伝い店員の派遣から、さらに売れ残り商品は返品ＯＫの保証までしてもらうという、取引先による「オール・ギャランティ・システム」という安易なやり方でやってきた怠慢のツケが、百貨店を不振に陥れているということです。こういったことをクリアしたうえで百貨店は、本当に「お客さまに喜んでもらえるような売り方」を実現する必要があるのです。

今日の百貨店の不振は、百貨店という業態が悪いのではなく、それを運営する経営陣のやり方の誤りからもたらされたものであって、依然として百貨店は日本の社会に必要なインフラであり、二十一世紀日本の消費の中心をなすものであると私は考えています。

その理由の第一は、日本の百貨店は近代都市、都市生活者、あるいは一般大衆にとって、必要不可欠な生活基盤になっているという事実です。その最たるものがワンストップ・ショッピング機能です。同じ場所に商品が全部揃っていて、家族で来ても、そこだけで買い物が完結できるというメリットです。しかも時間が経済的でもあります。こういったことは、やはり都市生活者にとって、非常に便利なことではないかと思われます。

第二点は、信用があるということです。信用というのは商品とサービスに対する責任を持つということです。例えば返品ですが、百貨店は理由のある返品は基本的に全部受け取

ります し、価格に対しても責任を持っています。

第三点は、近代都市生活の生活文化センターという機能です。百貨店は、第一部でも説明いたしましたように、文化的なさまざまなエンターテインメントを企画しています。

このように、日本の百貨店の基本概念には、「便利・信用・文化」があるということです。

もう少し別の視点から日本の百貨店の今後について考えてみたいと思います。ＵＢＳウォーバーグ証券会社の株式調査部長でマネージングディレクターの松岡真宏氏が『百貨店が復活する日』（日経ＢＰ社）の中で指摘しているように、日本という国は、百貨店という業態にとっては非常に適した「環境」にあります。以下、松岡氏の説にしたがって話を進めますと、まず人口が都市に集中しているということです。東京を例にとれば、八〇年代後半から九〇年代初頭は一時的に減少していますが、これはバブル経済による地価高騰によるものであり、九〇年代半ばに地価が下落してくると、東京の人口は非常な勢いで増えはじめています。

こうした人口の都心部集中に加えて、今後の日本は、かつてどの国も経験したことのない少子高齢化社会を迎えることになっています。少子高齢化が小売業の未来にどう影響してくるかといえば、人口の減少自体は消費にとってマイナスであると考えられます。では、高齢化はどうかというと、消費は減るどころか伸びると考えられます。なぜならば、日本の高齢者は平均的に見て裕福であるからです。貯蓄水準を示す指標として、各世帯が年間支出額の何倍分の貯蓄を行っているかという「貯蓄・実支出倍数」というのがあります。これは過去三十年間一貫して上昇しており、五十〜五十四歳の世代では三十年前の一・二倍から現在では三・〇倍となっていますし、六十〜六十四歳の世代にいたっては三十年前の一・三倍から現在では四倍を超える水準となっています。つまり、高齢者世帯の裕福度は上昇しているのです。したがって、少なくとも今後十年間くらいは、人口減少による消費押し下げ効果よりも、富裕高齢者による消費押し上げ効果のほうが大きくなる可能性のほうが高いのです。

富裕高齢者と並んで、今後の消費への影響が大きいと思えるのは未婚率の上昇です。未婚率の上昇は既定の事実ですから上昇理由の説明は省きますが、日本の未婚二十〜三十代は、独立居住よりは親元居住のほうを好んでいます。彼ら彼女らは、親元に居住することにより、所得の二五％前後の住居費や光熱費の負担から免れますから、実際に使えるお金という点から見れば、四十〜五十代のサラリーマンより給与所得が低くても、はるかに裕福であるのです。日本の個人消費全体がそれほど強くない現在でも、ブランド品の売り上げが好調な理由は、こうしたリッチな親元独身層の増大によってもたらされているのです。そういうわけで、「金持ち老人」と「親元独身者（パラサイト・シングル）」という二つの大きな消費者の塊が日本に出来つつあるというのが事実です。

独身層の拡大と少子高齢化の進展は、人々の住まいのあり方にも大きな影響を与えるものと考えられます。少子化の進展で一人っ子が多くなると、親の家をそのまま相続できる層が増えてきます。持ち家のある家庭の一人っ子同士が結婚すれば、夫婦で二軒の家を相続することになります。当然、夫婦はその一方の家に住み、他方は売却するか賃貸することになるでしょう。そのようなとき、都心と郊外の家があれば、通勤に便利な都心の家に住むことを選ぶケースのほうが多くなるにきまっています。そう考えていくと、今後、都心部に人口が増えてくることは間違いないのです。

都心部への人口再集中、リッチな独身二十～三十代と富裕高齢者という需要構造が出来上がるとき、最も発展が予想される小売業態の一つに百貨店が入るのは当然の流れではないでしょうか。また、現在百貨店が存在している都心部の場合、今後大型商業施設が進出できるような広大な土地はほとんどありません。このことは、競争相手が現れる可能性もないということです。こういったことを考え合わせるとき、既存の都市型百貨店が業績を伸ばすための環境条件は十分に整っていると考えられるのです。

これからの百貨店経営に求められているのは、百年前に日本に初めて百貨店が誕生したときの精神の再認識であり、その精神を具現化して、「お客さまの欲しいものが、欲しい時に、欲しい量だけ、欲しい値段で揃っている」ことを実現して、「お客さまに喜んでもらえるような売り方」を、今日的技法の中で実現していくことだと思うのです。いたずらに将来を悲観せずに、現実を直視して、百貨店としてあるべき姿を、着実に実現していくことこそが、いま百貨店に求められていることなのだということです。

次章からは日本の百貨店の創始者、三越専務日比翁助が百貨店経営に際して述べている文章を幾つかご紹介していこうと思います。これらを読むことによって、百貨店創業の理念がどういうものであったか、百貨店としてのサービスの方針がどういうものであったか、店員の心構えとして期待されていたものはどういうものであったか、がご理解いただけると思うのです。

まず最初にご紹介しますのは、三越の機関誌『時好』の三越大阪支店開店記念号『日本の三越』（明治四十年五月一日刊）に掲載された「三越呉服店の過去現在及将来」という一文です。

二番目は、明治四十年春、上野で開催された東京博覧会の案内書として三越が発行した『東京と博覧会』の巻末にある「附　三越呉服店案内」の文章です。

三番目は、三越が明治末に店員教育用に編纂した『三越小僧読本』です。

四番目は、大正十五年三月二十五日、三越石垣会より発行された『三越講演集　第一輯』に掲載された日比翁助の「千代田城石垣の話」です。

なお、当時のままの文章では読みづらいかともに考えましたが、日比翁助の信条を味わっていただくために、敢えて、原文のまま掲載することにいたしました。

第二章　百貨店再生のための参考資料

①三越呉服店の過去現在及将来

【三越呉服店の過去現在及将来】

（一）

「正直は最上の策なり」

言《ことば》平凡なるが故《ゆえ》に真理也《なり》。真理なるが故《ゆえ》に千古に通じて渝《かわ》らざる也《なり》。吾人《ごじん》は過去の三越を顧《かえりみ》る毎に、未《いま》だ曾《かつ》て斯言《このことば》の吾人《ごじん》を欺《あざむ》かざるを思はざる事なし。実にや過去の三越は正直の歴史なりき。延宝元年駿河町に越後屋の開店せられてより茲《ここ》に二百三十五年　悉《ことごと》くこれ「正直」の歴史なりき。正直は誠実を意味す。誠実は表裏なき也《なり》自然の性也《なり》總ての客に対して表裏なきを云ふ。当時世の多くが唯《ただ》利是《こ》れ事《ことと》なし、利のある所に赴《おもむ》くの急なる。客によつて出来るだけ高価に売らん事に汲々《きゅうきゅう》たるに際し、独り我《わが》越後屋が正札附《しょうふだつき》を表示して甲にも乙にも定価を以て之を売捌《うりさば》き、敢《あえ》て人によりて価《あたい》を二《ふたつ》にする事なかりしは、越後屋祖先の先覚《せんかく》の明《めい》ありて始めて之を為し得たりし也《なり》。

思へば米国に於ける最も成功せる小売大商店なるジョン・ワナメーカーさへ其《その》開業後数年の後《のち》初めて正札附の制によりしなり。しかも今を去る事僅《わず》かに四十年前の事にあらずや。此点に於て越後屋の祖先は慥《たし》かに予言者たりき。米国が独立を布告せざる百数十年前、我《わが》越後屋に於ては、已《すで》に正札附の制を創《はじ》めたりしなり。吾人《ごじん》は我《わが》開業者に対し絶対的尊敬を表し、併《あわ》せて我《わが》越後屋の栄誉として世に誇らんとす。

営業の方針は一《ひとつ》にして足る。曰《いわ》く顧客の便利を図るに在り。之《これ》欧米に於ける小売大商店経営の大主眼なり。顧客の便利を除きては小売大商店は存在せず。小売大商店は顧客の便宜を図るに存《そん》し、顧客の便は小売大商店によつて始めて之を実現せらるゝ也《なり》顧客の便！嗚呼《ああ》これ吾人《ごじん》が開業以来の宿志《しゅくし》也《なり》。我《わが》越後屋が開店の劈頭《へきとう》に於て創《はじ》めたるは切売《きりうり》の実行なりき。当時手拭《てぬぐい》一本を要する者も其《その》所要だけを販売せざりしを以《もっ》て自己一反を求め然《しか》して後之《のち》を同志の間に分ちしを越後屋が世に率先して總ての切売を実行したりしにより、東京八百八街の同情忽《たちま》ちにして湧き、見る見る店頭顧客を以《もっ》て埋《うず》むるの盛況を呈《てい》したりし也《なり》。これ吾人《ごじん》の祖先が顧客の為めに図りし設備に対する適当の反応ならずとせんや。吾人《ごじん》は敢《あえ》て言ふ、顧客の便宜は今や欧米に於ける小売大商店に於ける唯一の方針なりと雖《いえど》も、亦吾《またご》人《じん》創業以来の宿志也《しゅくしなり》。この偶然の暗合、奇といいはば即ち奇なりと雖《いえど》も共にこれ商人として当然顧客に対する誠実の表示也《なり》。商人は誰れしも其《その》顧客に対して、それ丈《だ》けの心掛けあるべきは当然也《なり》。これを為《な》さざるこそ不思議なれ、吾人《ごじん》が進んで客の便宜を図る何の不思議だもなし。

（二）

吾人《ごじん》は茲《ここ》に再び繰返していふ。客の便宜を図るは越後屋時代より踏襲し来れる一貫の主義也《なり》と。

曰《いわ》く誠実、曰《いわ》く客の便利。共に之《これ》過去の主義なりしと同時に、亦《また》現在の三越呉服店の主張也《なり》。現時の三越が如何に客に対して誠実を極《きわめ》るか如何に客の便利を図るに腐心せるかは、読者諸氏の已《すで》に知り給ふ所なるべし。吾人《ごじん》は戦々兢々《せんせんきょうきょう》として顧客の満足を得んことを希《ねが》ひ、顧客の喜びを以《もっ》て吾人《ごじん》の喜びと為す也《なり》。世に先《さきだ》ちて商品陳列制度を採《と》り、店内一面に呉服《ごふく》太物《ふともの》を陳列して、顧客をして其《その》最も会心のものを選択せられんことを希《ねが》ひたりしが如き其《その》一也《ひとつなり》。世に先《さきだ》ちて毎年二期新柄陳列会を開き、最も斬新なる各種織物類を陳列即売することゝ為したりしが如き其一也《そのひとつなり》。世に先《さきだ》ちて、図案の進歩と染織術の発達とを期し、多年の苦心ここに現れて、世にも稀なる精巧なるものを製出するに至りしが如き其一也《そのひとつなり》。世に先《さきだ》ちて通信販売の業を創《はじ》め、遠隔の地にありて、一葉の書信を以《もっ》て、所要のものを買求め得るの便を図りしが如き其一也《そのひとつなり》。或は世に先《さきだ》ちて、売上品の速達を期せんが為め自動車を利用せるが如き其一也《そのひとつなり》。或は世に先《さきだ》ちて休憩室を設けて顧客の疲労を慰藉《いしゃ》せんと図りしが如き、或は世に先《さきだ》ちて陳列窓を装飾して行人をして新柄の染織物を観覧せしめたるが如き、或は世に先《さきだ》ちて最新の流行を報道せんが為め、「時好」を発刊して、之を朝野《ちょうや》に配布するが如き、何《いず》れか顧客に便するの設備ならざるあらんや。近くは一品又一品販売品目を拡張して、呉服太物《ごふくふともの》以外小間物《こまもの》、化粧品、旅行用品、洋傘、帽子、履物《はきもの》等を販売するに至りしが如き、時代の要求に鑑《かんが》み英国第一流の裁方《たちかた》を傭入《やとい》れて洋服部を新設したるが如き、新《あらた》に写真場を新設して模範的写真の調製を図りしが如き、食堂を設けて顧客をして安《やす》んじて店内の縦覧《じゅうらん》に便《べん》せしが如き、空中庭園を設けて顧客平日の遊興に供せしが如き、毎週三回陳列場に音楽大合奏を為し、以《もっ》て来店せられたる顧客の耳を娯《たのし》ばしむるが如き、何《いず》れか顧客の便を図れるの設備ならざらんや。故《ゆえ》にいふ。顧客の便を図るこれ三越の生命也《いのちなり》。この主義は三越をして今日《こんにち》の盛《さかん》を致《いた》さしめしものにして、三越が依《より》て以《もっ》て則《のっと》るべき、唯一《ゆいいつ》の大方針也《なり》と。

（三）

かくの如《ごと》く、三越の過去、現在に於ける總《すべ》ての設備、總ての計画は、何れも誠実と客の便利との二《ふたつ》に帰す。然《しか》り、而《しこう》して将来に於ける我《わが》三越の希望や如何《いかん》、吾人《ごじん》は極めて簡単に答へん。曰《いわ》く唯《ただ》開業以来の方針を以《もっ》て進むべきのみと。如上《じょじょう》述《の》べ来《きた》りし吾人《ごじん》の設備と計画は吾人《ごじん》の宿望の十分の一のみ。吾人《ごじん》は決して之に満足すべきにあらず、更に之を拡張し、以《もっ》て顧客をして一《ひとつ》の遺憾《いかん》なきを期せざるべからず。現今の小規模日本に於てこそ第一の名声を辱《はずかし》むる其《その》規模は之《これ》を欧米のデパートメントストアーに比して極めて小規模なりといはざるべからず―を更に大規模となすは其《その》最たるものなり。彼《か》の小売大商店の如き、日用品は一《ひとつ》として備《そな》はらざるなしと称せられ、販売部の多きは百に垂《なんな》んとす。吾人何《ごじんいず》れの時にか之《これ》を実《まこと》にし得べき。自《みずか》ら顧《かえり》みて前途の遼《はるか》なるを思はざるにあらずと雖《いえど》も、月に一品を加へ年に一部を殖《ふや》しなば、庶幾《こいねがわ》くは日本に於《お》ける最初の小売大商店たるの月桂冠を戴くを得んか。

しかも吾人《ごじん》の希望は希望に過ぎざる也《なり》。満天下の顧客諸氏の一方《ひとかた》ならざる眷顧《けんこ》を仰ぎ、而《しこう》して後《のち》初めて希望を達する時機に到着すべきものとす。さすれば、吾人《ごじん》は我《わが》読者諸氏が近く車を駈って三越を訪《おとな》はれ遠く書を飛ばして注文を命ぜられ、率土《そっと》の浜《ひん》、王化《おうか》の及ぶ所悉《ことごと》く我《わが》三越の顧客を見ざるはなきに至り、以《もっ》て吾人《ごじん》の素志を貫徹するに便せしめられんことを冀《こいねが》ふ。

しからずんば吾人《ごじん》の希望は単に空想として終るべきのみ、読者諸氏吾人《ごじん》の理想を現実に近らしむる将た空想に陥《おちい》らしむるも唯々《ただただ》諸氏の同情如何《いかん》に在《あ》り、此点《このてん》に於《おい》て吾人《ごじん》は満腔《まんこう》の誠意を以《もっ》て敢《あえ》て諸氏に訴《うった》ふ。

終りに臨《のぞ》み、吾人《ごじん》は吾《わが》読者諸氏が今日《こんにち》に倍して益《ますま》す眷顧《けんこ》を賜はらんことを望む。

明治四十年五月　　　　　　　　　　日比翁助

②東京と博覧会

附　三越呉服店案内

【三越呉服店案内】

三越呉服店は今や日本に於て、最も古く最も大なる呉服店として知らるゝに至りしかども、羅馬《ローマ》は一日にして造られたるにはあらず、今日の盛大を致したるも、畢竟《ひっきょう》するに二百有余年間飽きず撓《たわ》まず業務を励みたる賜物なりといふてよいでせう。

我《わが》三越の歴史を尋《たず》ねて見ますれば、三井家の祖先三井高利氏が江戸に出て越後屋といふ店を開いた、それが延宝の元年の事。

今から丁度二百三十五年前（明治四十年より）の事です。高利氏はすべて正札附現金掛値なしとした。又当時手拭《てぬぐい》一本欲しいといふ事があっても一反《いったん》買って之を人に分けるといふ様な事で、非常に不便であったのを改めて、御客様の望みに応じて、切って売る事にした。これは当時に於《お》ける大変革でありました。

其後《そのご》星移り物変り、越後屋の盛《さかん》は日に増して盛《さかん》に大《だい》は日に月に大となり、明治二十六年故《ゆえ》あつて三井呉服店と改め、日本に於ける模範的呉服店たらしめんことに努め、先づ意匠の発達を奨励し、染織織業の進歩を促し總て泰西の呉服店に則りて営業したれば、三井呉服店の名声は忽《たちま》ちにして四海に轟きました。

三十七年の冬に、更に改称して三越呉服店となり、更に一歩進めて呉服以外の品物を販売する事と致しました。即ち人間の必需品は何でも売るといふ主義です。

去《さ》る三十五年小間物を売出し、三十八年より更に化粧品も売る事に致しましたが、それでも尚《なお》充分でないと云ふので、昨年から洋服部を設置して、更に帽子も売る、洋傘もステツキも売ることゝし、今では鞄よし履物よし、旅行用具も亦《また》売出す事となりました。斯《かく》の如くして三越は日本に於ける最初のデパートメントストアたるの光栄を有しました。

三越呉服店は已《すで》に東京の名所である。否我《いなわが》日本の名所である、東京に来て我《わが》三越に来て買物をしない人がありませうか。であるから我《わが》日本に来た、国賓も大概《たいがい》一度は我《わが》三越を御覧になります。

近年我国《わがくに》に来遊せられたる国賓に就《つい》て申しませうならば英国コンノート殿下と御一行のソデスデール卿、シーモーア元帥、英国太平洋艦隊司令長官ムーア中将、米国大統領の令嬢ミス・ローズベルト、米国大政治家ブライアン氏、独逸《ドイツ》のカールアントン殿下、露西亜《ロシア》のクロパトキン大将、伊太利《イタリー》のヴシネ親王殿下、暹羅《シャム》皇太子殿下、清国皇族載澤親王殿下、其他何《そのほかいず》れも三越に立寄遊《たちよりあそば》された。我国に於ても久邇宮親王殿下を始め奉り、伊藤統監、井上伯、大隈伯、土方伯、海陸軍人として東郷大将、黒木大将、長谷川大将、山本大将、西大将は我《わが》三越へ御立寄遊された。或人が「三越は第二の国賓接伴所なり」と評されしも誠に理由のある事なるべしと思ふ。

我《わが》三越呉服店は東京日本橋の北詰《きたづめ》駿河町にあり（洋服部は本店の向側）三越は決して東京のみではない、先年まで大阪にも三井呉服店の支店がありましたのを、或る事情の為め一時閉店致しましたが、五月一日には又元の所にて開業致す積りです。此他《このほか》に京都には仕入店、染工場、上州桐生には出張所もあり、又韓国京城には出張所あり、専《もっぱ》ら同地に於《お》ける日本人の需要品を販売して居ります。

三越呉服店の主義は御客様の便利を謀りたい事であります。御客様の求めに応じて、其《その》都度其《つどその》品物を土蔵より持ち運ぶとすれば御客様は思ふ様に品物を選ぶ事が出来ない、そこで三越では従来の販売方法を改めて、店内一面に呉服太物《ごふくふともの》を陳列する事にしました。これは明治二十九年の事。本店が商品を陳列する事に為《な》してより、市内の呉服店にして之を真似るものが多くなりました。デパートメントストアーである以上只《ただ》品物を売捌《うりさば》くのみでは不満足でありますから今度は食堂を建築しました。そこでは日本食あり、寿司あり、名高い本郷の藤村の日本菓子もあれば、西洋菓子の元祖たる赤坂の森永商店の出張せるあり珈琲《コーヒー》も飲むべし茶も喫《きっ》すべく、これ迄の如く正午になって空腹を辛抱するに及びません。

今回写真場を新設し、技師長として有名なる柴田常吉氏を聘《へい》し最新の機械を輸入して日本に於ける模範的写真を調製する事に致しました。

西洋へ行つた人はよくいひます、「町へ出て買物をなし宿へ帰つて見ると、もうその品物が届いて居る」誠にさうなれば便利此上《このうえ》御座いません。三越は多年そういふ風に品物をお届け申して見たいと存じますが、どうも東京市の面積が広すぎる為めさう甘くは参りません、けれども、成るべく短時間に御届け申し度《た》いと心がけて居ります。

日本で品物配達の為めに自動車を用ひたのは三越が率先者です。明治三十六年四月一日以来これを用ひて居ります。

本店陳列場の広きにつれ御来店の御疲れもあらうかと存じ、店内には休憩所二箇所を設けてあります。ピアノもヴアイオリンも備へ付けたれば自由に御使用遊ばされんことを望みます。

今般《こんぱん》空中庭園を設けました。これに上りて市中の光景を眺むれば、空中の鳥が下界を見《み》下《お》ろすと同じく、それはそれはどんなに面白い事でせう、空中庭園には稲荷神社を分祀し噴水池あり藤棚あり、盆栽などあり、一度は上って見るべきものでござゐます。

三越呉服店の八景

空中庵の幽邃《ゆうすい》　空中庭園の眺望
寄切室の雑沓　休憩室のピアノ
陳列窓の艶麗　イルミネーション
小間物売場の花錦　食堂の清楚
東京に来りて博覧会を見ざる人ありや。
博覧会を見て三越を訪《おとな》はざる人ありや。

明治四十年

三越呉服店

③三越小僧読本

「三越小僧読本」は、三越が明治末に店員教育用に編纂した商人実践綱領で、三越のサービス精神を文章化したものです。各条項の終わりに、〈翁助曰く〉とあるのは、〈日比翁助曰く〉という意味で、三越呉服店を日本で最初の百貨店に生まれかわらせた日比翁助専務取締役（社長空席）が付けたコメントです。

【三越小僧読本】

（一）三越の小僧にして、三越の趣旨を知らざるは「論語読みの論語知らず」なり。三越の小僧にして、三越のお客本位を呑込《のみこ》まざるは「喰《くら》へども味《あじわ》ひを知らず」なり。三越の小僧にして、三越の品位を保たず、蔭日向《かげひなた》を為すは「頭隠して尻隠さず」なり。

〈翁助曰く〉吾店《わがみせ》の小僧にかゝる心なしはあるまじと考ふれど、多数の小僧の中《うち》には、かゝる不心得の者なしとも限らず、朝夕この三ヶ条を記誦《きしょう》して、吾店《わがみせ》の為め竭《つく》すあらば、三越の盛大期して待つべし。万一かゝる不心得者ありとせば余は容赦せず。何となれば少くとも三越の盛大を妨ぐる者なればなり。

（二）苟《いやしく》も三越の小僧たる者は、其眼《そのまなこ》を水晶（愛嬌沢山）にし、其《その》口に黄金の鈴（お世辞）を含み、其心を玲瓏玉《れいろうたま》の如く（誠心誠意）ならしむべし。眼《まなこ》あれど御客を見分けず、口あれど無愛想千万。心はいつも手前勝手。少しも誠意をやどさゞるは、小商店の小僧にて一生を終る心懸なら知らず、三越の如き一大商舗《しょうほ》の小僧にあっては、落第者なり。落伍者なり。将来発展の見込なしといふべし。

〈翁助曰く〉これ小僧の成功すべき秘訣なり。斯《かく》の如くにして、成功せざる者あらんや。「愛嬌」「世辞」「誠意」の三つは、三越の小僧の出色として誇るべきもの。是《これ》を眼《まなこ》に表はし、是《これ》を口に含み、是《これ》を心に満たさば、いかなる客といへども、三越に対して些《いささ》か不快を感ずることなけん。客の快不快、一つに吾店《わがみせ》小僧の挙作《きょさ》にあり、畏《おそ》れても慎《つつし》まざるべけんや。

（三）

三越の如き大商舗の小僧は、たゞ二つの眼《まなこ》を光らすのみにては、夫《それ》こそ駄目なり。五つも六つもの眼を働かすべし。

例へば前に御客様あり、慇懃《いんぎん》に応対し居れど、後ろの御客様の足を踏むやうにては、駄目のダメなり。後ろにも眼《まなこ》ありて、少しも疎忽《そこつ》せず、その他心の眼を働かして、御客様大事に務めざるべからず。これ「一心不乱」という。よしや身は一介の小僧たりとも心掛に於ては、大三越を背負つて立つの意気なかるべからず。然るを往々前の御客様に無愛想なるのみならず、背後《うしろ》の御客様に突当り、左右の人を押退《おしの》けるなど、不作法至極の小僧あり。かくの如きは、眼ありても節穴同然のみ。

〈翁助曰く〉好教訓なりといふべし。余の見る所にても世には両親より立派なる両眼を与へられ乍ら、一つ目小僧同様なる者多し、鼬《いたち》の如く前進すれど、左右を顧みず、たまたま鼠の如く注意するものあれど、その態度狡猾《こうかつ》見るに忍びず。吾店《わがみせ》の小僧としては悠揚《ゆうよう》迫らず、しかも心の眼を左右に配り、客に些《いささ》かたりとも、不快の感を与へず、一心不乱――あゝ是《これ》翁助の実践実行する所、吾店《わがみせ》の小僧たるものこの一心不乱を寸刻も忘るべからず。

（四）

そもそも御客本位といふは、御客様大明神のことなり、御客様一大事なり、御客様の御無理を御道理《ごもっとも》とするにあるなり。

御客様といへば一列一体、たゞ買物にのみ来店する人々と思はゞ、そは三越の小僧として大なる不覚なり、大間違なり。三越の盛大につられてのんきに遊ぶ人人と見るも了簡違い、寧《むし》ろ自惚《うぬぼ》れの骨頂と謂《い》ふべし。

何となれば、仮に御客様を区別して見れば

（一）買物の御客様

之は単に買物を目的に来られる御客様なり。

（二）娯楽の御客様
之は子供衆を同伴、一日を楽しみの御客様なり。
（三）怒れる御客様
之は家庭にて何か怒ることありて、気散じの御客様なり。
（四）泣いてゐる御客様
之は家庭にて何か争ひごと又は煩悶《はんもん》ありたる御客様なり。
（五）困っている御客様
之は家庭に事情あり憂《う》晴《さ》らしの御客様なり。
（六）贔屓《ひいき》の御客様
之は何でもかでも三越に限るという御客様なり。
（七）不贔屓の御客様
之は三越は高い贅沢なりと云ひながら見える御客様なり。
（八）見物の御客様
之はわざわざ地方より上京観覧さるゝ御客様なり。話の種となるなり。
（九）病気の御客様

之は神経の過敏なる御客、腫物の如き御客様なり。

（十）同業の御客様

之は批評家たるべき御客様なり。大事なり。

かくの如き多数の客気質《きやくかたぎ》あるを知らず同一に一本調子の扱いする小僧は新米小僧にあらざれば横着小僧なり、逸早く御客様のこの種類に心付く小僧あらば、そはまさしく知恵小僧なり、出世小僧なり。

〈翁助曰く〉人の心の変れること、その面《おもて》の如しとすれば、御客様即ち我店《わがみせ》の前主《ぜんしゅ》の千差万別しかあるべし。吾店の小僧たるもの、かゝる千客万来に接する役目なれば、万遍なく偏頗《へんぱ》なく、直ちに御客様の心中に飛込み、巧みにその心を捉へざるべからず。しかるを、御客様といへば宛《さなが》ら吾店を慕いて買物に来るものと自惚れなば、いかにも間違の骨頂なり、吾店衰微の基なり。三越の小僧となりたる上は、逸早く之を自覚し、平生より御客の読心に心懸けざるべからず。

（五）御客様は子供の如し。余念なき子供衆と見よ。三越の小僧はその御相手と思へば間く楽しくいかなる難題も柳に風と受け、笹に雪とこたへ、在店中はいかにも楽しく愉快に、観覧娯楽に身も心も堝過《ろか》するまでに仕向けざるべからず。入店の折は家庭に不幸、煩悶、憤怒、不機嫌のありたるものも店を出づる際には、「あゝ是で気持がさっぱりした、三越で遊んだので心の底まで愉快になった」と思はするに至れば、三越の繁栄実に今日の比にあらざるべし。

これ小僧の心懸一つにて、御客様をかほど迄に思はしめ、延《ひ》いて三越の盛大を至すとせば、三越の小僧たるもの、寸時も油断せず一々御客様の脈をとらぬまでに、親切、用意、慇懃、正直、機敏、あらゆる匙加減を用うべきなり。

〈翁助曰く〉最も余の心を得たる一条是なり。前主の相手をなすは、一《ひとつ》の外交手段に外ならず前主の相手を為し、前主を満足せしむる技倆あれば、確かに店員として信頼するに足る。余かくの如き店員を熱望して止まず。この一条の心がけをよく体して、当店の為に竭《つく》す小僧あらば、余はその小僧を挙げて用ひるに少しも吝《やぶさ》かならざるものなり。

（六）美服なる御客様にはバツタの如く頭を下げ、粗服をまとひし御客様の前には狐の如く昂然たるは、三越魂の真意を喪《うしな》い、三越の小僧として最も価値なきと同時に、自ら顧みて恥づべきなり。美服の御客様を丁寧に取扱ふと共に、粗服の御客様をも一層慇懃に取扱ふ必要あり。もし三越が美服の御客様を楷書にて正しく「御客様」と書き、粗服の御客様を草書に崩して「御客様」と書きたりとせば世人の感情は果して如何、三越の小僧たるもの、この位の理解力なくして、千万の来客に応接し得べきや。況んや美服に媚び、粗服を侮るが如きは、その心情唾《つば》して棄つべきのみ。

〈翁助曰く〉客の服装の粗美に対して、応接待遇を厚薄するが如きは、余の最も嫌悪する卑劣根情なり。吾店《わがみせ》の使用人中かくの如き人間あらば摘み出しても退店せしめんと欲す。脚《あし》一度《ひとたび》吾店に入りたらん客は、一視同敬、毫《ごう》も侮る振舞あるべからず。尊敬を盗み、親切を吝《おし》む徒輩《ともがら》は共に事を為すに足らず。嫩《ふたば》にして枯すべし、小僧にして退店せしむべし。

（七）

三越専務の心は小僧の心なり。三越小僧の心は専務の心ならざるべからず。専務は火の如き活動心を三越魂の原則となせり。小僧も亦その心を心とせざるべからず。三越の小僧の手足と働くも、始終この火の燃つき燃立つるものと思ひて、心に寸分の油断なく活動せざるべからざる事は、剣術の相手に打向ひたらん心懸と同じなるべし。少しの油断あらば活動の火は忽ち消えて、三越の小僧は平凡の小僧たらむ。

三越の小僧と平凡の小僧との相違を問うものあらば、活動の有無と答へよ。

〈翁助曰く〉余《よ》常に再び年少気鋭の齢に戻り得ば三越の小僧となりて活動したしと思へり。即ち余は三越の小僧の心となり居れるなり。吾店《わがみせ》の小僧の心の、余の心と同化し居るや否やは余の平常試験しつつある所なり。いかにも活動は余の生命なり、三越の生命なりと信ず。三越のあらん限り、余のあらん限りは、この生命を強固にせざるべからず。余は勤務に於ても活動的なるを好み、遊楽に於てもしかく活動的ならんと欲す。あくまでも活動的なる小僧を好愛する所以《ゆえん》なり。

（八）　三越小僧の五禁。三越の禁物にして小僧の厳禁すべきもの。

（一）欠伸《あくび》

この位御客様に対して無礼至極なるものあらず、小さき（咽喉元にてかみころす）も、大きなる（口開きて両手にて顔をなでる）も、その無作法は同じ。一度欠伸を催しなば、これ三越魂の脱走と思ふべし。活動力消えて怠慢心の移れる時と思ふべし。

（二）　無愛想（一名仏頂面）

この位御客様に不愉快を与ふるものあらず。拾円の買物をなすべき御客様も五円にしてやむべし。仏頂面が三越に与ふる損害も亦《また》大ならずや。もし又己《おのれ》が無愛想は親譲りといふ小僧あらば、速《すみやか》に去つて葬儀社の小僧となるにしくはなし。

〈翁助曰く〉喝《かつ》し得て妙

(三)蔭　口

この位御客様に厭な感情を起さしむるものあらず。たとへ他のことを云ひ囁きたりとも、一旦耳にしたる来客の悪感《あっかん》察すべきなり。

(四)舌　打

この位御客様を馬鹿にしたるものあらず、西洋に於ける口笛の侮辱と同価なるべし。

(五)懐　手

この位御客様を逃がすものあらず。体裁悪しきは勿論、不景気極まる型なり。「三越も閑と見えて小僧までが懐手さ」と世間に云ひ伝へらるゝに至らむ。三越の面目玉を潰す所作と謂《い》ふべし。

〈翁助曰く〉「三越店員心得」の第三十三に対客の秘訣は詳述せるが、こゝに記せる五禁までの注意は欠きたり。これ明かに三越の五仇敵なり。心なき小僧の往々この五禁に襲はれ、耐《た》え性なく客前に降伏しつゝあるを認む。意志薄弱の印なり。余はかゝる小僧を養成するほど寛大ならず。

（九）

日本人には由来《ゆらい》先天的なる日本魂《やまとだましい》あり。日清日露の大戦役もこの魂の働きにて勝てるなり。三越の小僧には三越魂なかるべからず。三越魂とは何をかいふ。御客本位の趣旨を理解し苟《いやしく》も私心を挟《さしはさ》まず、勤務中怠惰《たいだ》に囚《とら》はれず、因循《いんじゅん》に陥らず、猾狡《こうかつ》に立廻らず、油断せず、いかなる場合にありても三越を盛大ならしめんとする事を忘れざる精神的覚悟をいふなり。三越の小僧にして三越魂無きは、なほ七輪に火のなきが如し。何の役にも立たざること明白なり。しかも亦《また》責任の何たるを解せざるべからず。小僧の役目は詰まらぬもの、軽々しきものと思ひなば、それは甚だしき誤解なり。高架鉄道も一枚の煉瓦より築かれ、三越呉服店も、一人の小僧より成立つことを思はざるべからず。一人の小僧の為め三越呉服店を傷つくるは、高架鉄道も一枚の煉瓦より崩れそむるに変りなし。之を思はゞ三越の小僧たるもの、決して吾身《わがみ》を軽んずべからず、侮《あなど》るべからず。

〈翁助曰く〉余《よ》小僧を大切に思ふはこの心に外ならず、一人の小僧の肩にも当店はのしかゝるなり。多くの使用人の三越魂に依つて担《にな》はるゝ当店にして始めて堅

　牢なり、強固なり、大盤石《だいばんじゃく》たるを得るなり。
（十）
かくありたきもの。三越の小僧に望むべきこと、多々益々多けれど、先ずかくありたきもの五つあり。
(1)姿勢を正しくし、御客様の前にある時は、兵士が将校の前にある如くありたきもの。
(2)顔は極めて柔和になし、御客様に対しては、親切に平等に、宛《さなが》ら孝悌《こうてい》の人の父母同胞に対する如くありたきもの。
(3)用務はすべて機敏にして、骨を吝《おし》まず、臀《しり》を重くせず、或時は処女の如く、或時は脱兎《だっと》の如くありたきもの。
(4)目上には尊敬を払い、目下には同情を垂れ、卑屈に流れず、野卑に陥らず、正々堂々とありたきもの。
(5)かくせば御客の気に入るか、かくせば店の為になるか、かくせば吾務《わがつとめ》に過失なきか、かくせば大商店の小僧として恥かしからぬか、かくせば良けん、かくせば悪しけん、と自ら責め、自ら省《かえりみ》る等、かくありたきものゝ随一なるべし。
〈翁助曰く〉旦夕《たんせき》余の望んでかくありたきもの、茲《ここ》に尽《つく》せり。第五のかくありたきものこそ、真に当店の小僧が心懸《こころがけ》の好範《こうはん》なれ。当店の小僧にして皆かくの如くんば、三越の盛大拒絶せんと欲するもあたわず。余、三越の品質優良なる商品と、かくの如き店員の心がけとを以《もっ》て起《た》つあらば真に天下無敵、鬼に金棒なり。三越万歳なり。

良好なる小僧は一朝一夕に求むべからざるもの、余の小僧養成に日も之《これ》足らざる所以《ゆえん》なり。

（三越宣伝部『三越小僧読本』昭和四十五年九月発行と篠田鑛造著『明治百話』角川選書　による）

④千代田城石垣の話

三越前専務取締役　日比翁助

【石垣の小石大石持ちあいて、御代はゆるがぬ松が枝の色】

私は嘗《かつ》て三越呉服店に十三年奉職を致して居りました。その十三年の私の経験上一つの題目《だいもく》を作ったのであります。題目と云へば日蓮さんの『南無妙法蓮華経』と同じことで「千代田城石垣論」と云ふのであるが、私が十三年奉職中は一貫して店員諸君の心得べき題目として居りました。それはモウ度々《たびたび》皆さん方に御話申して居りますから御承知でせうが、私の居る時分に、店員が互に各々其《その》責任を重んじ、多くの人が一心同体一致させたいと云ふ精神を以て、店員諸君を時折《ときおり》集めて話をしましたけれ共、どうも其意味が徹底せぬやうに思つて甚だ残念で居りました。処《ところ》が或時《あるとき》桜田門からズーツと内へ這入りまして、千代田城の石垣にフト眼を着けまするとサア思ひ付いた、それは何かと云ふと、店員諸君も彼処《あそこ》を通つて見れば分るだらう、這入《はい》つて左手の石垣を御覧なさい、上には大なる化粧石が載つて居りまして、それから段々《だんだん》順として大きな石があります、下の方に来ても同じ石があるが、稍々《しょうしょう》半ばから下になりますると此位《このくらい》な小さな石が中に在る、或は此位なのもある、（拳を示す）さうして其間《そのかん》と云ふものは、又我々の身体位平気に這入る位の虚空もありませう。そこで私は考へた、上に大なる石があつて下の方に小石がある。その石の小さいのは私の腕位と考へて傍へ行つて見たら仲々大きい。兎《と》に角《かく》上の方と比較して小さい石が這入つて居る。成程さうだ、此処《ここ》だと思つた。それは何かと云ふとあの石垣は上には大なる石があり、下には小さな石がある、あの石を仮初《かりそめ》にもとつて見ろ、どうなる、あの石が、グワラグワラと下に押落《おしお》つて来ませう、大きな化粧石もあの中に落ちる、幾百年を経《ふ》つた松の木も顚《でん》ぐら返つて了《しま》ふ。是《こゝ》に於《おい》て千代田城の尊厳が何処に在るか。甚だ見ツとも無い。

何でさう保たれて行くかと云ふと、小さなのは小さな石で構へて居り、大きなのは大きなのでやつて居る、互に相《あい》依つて居るから斯《こ》うなつて居るのだ。それで小さな石が頑張つて居ると云つて小さな石が威張つては不可《いけな》い、若しあの小さな石を上へ載せて見よ、風が吹いたならば、ポーツと飛んで日比谷の音楽堂に打突《ぶつか》つて了《しま》ふだらう。小さい石それ自身に力は無い、唯々上から大きな石が押へる、彼方此方《かなたこなた》互に相《あい》持つて居るから石垣が持つのだ、斯《こ》う私は考へた。それでだ、三越の如きも矢張り是で行かないと不可《いか》ぬ。小さいのは是《こ》れ人間の大小ぢや無く階級で、小さな石と云ふ物は小使衆とか子供衆とか云ふ方であり、大きなのは重役、係長、部長といふのである。是が相俟つて居るので、詰《つま》り各々の者が責任を持合つて居るから三越が持てるので責任は少しも異らぬ。大きい石でも小さい石でも責任は同じで己《おのれ》は小僧であるから御客様が来ても丁寧にせぬでも些《いささか》とも構はぬ、自分達はどうでも宜いと云ふ事では不可《いか》ぬ、小僧でも御客様が三越の小僧は不可《いか》ぬ、亦《また》下足番が、御客が汚い履《は》物を穿いて来たら不親切にした、立派な旦那様が立派な履物を穿いて来たら丁寧にした。必ず斯う云ふ風な評判が立つから小さな人の責任でも大きな重役の責任でも些《いささか》とも異なることは無い。此《この》石が押合つて責任を重んじ合ふからよい評判が立つ。私は斯《こ》う云ふ事を多年説いて来ましたが各々が責任を盡すといふ事には効能があつた、其《その》時の下足番の人は其《その》時分私を旦那さんと言つた「旦那さん此間《このあいだ》の御話は分りました、本当にさうでございます」と言つた。それで私は実に嬉しかつた。小僧衆でもさう云ふ人がある、アヽ我意を得たり、それだから之を拡めると同時に御実行を願ふが為めに私は石垣論を皆さんに申上げるのです。モツと詳しく御話し申せばありますけれ共度々《たびたび》御話を申して居るし又少し長くなつても困るから石垣論は是丈《これだ》けに致しますが、そこでその私の題目、石垣論と云ふものを此度《このたび》額にしまして、是が私十三年の奉公の一つの題目として記念の為め三越に寄付しやうと思ふ、そこでどうか皆さん方の精神を入れたい、所謂《いわゆる》此額に私の魂を入れたい、諸君はその心持で聞いて貰はぬと困る。

茲《ここ》に御出席下されたる和田豊治君、池田成彬君、磯村豊太郎君、高山長幸君、岡本貫一君、篠田鑛造君、梅田芳松君御令息その方々には別して私の在職中影となく日向と無く御助力を被りまして及《およ》ばず乍《なが》ら職を全うしましたので、今晩も立会つてやらうと仰しやる。殊《こと》に和田さんと池田さんの御二方は、私の在職中の相談役でありました。總て大なる事で私の頭脳で及びませぬものは和田君、池田君を相談役として總て御指導を受けて居りました。私が大事なのみならず、又三越として忘る可《べか》らざる恩人と致しまして今晩御多忙な時間を割いて御臨席下すつた。是は私が御両君皆さんに御礼を申上げます。

そこで又石垣論で面白い話がある。御承知の如く此《この》千代田城は太田道潅の造つた城であるが極《ご》く細小《さいしょう》な物であつた。然るに家康が入府するに方《あた》つて之を改修しました。それは太田道潅の細小な城では関東を押へ、日本全国を摑《つかま》へることは到底出来ないと云ふので城を改修しました。其時に御覧の通りの石垣を諸大名に申付けた、何処から何処の間をといふのであつて、日比谷の方面は加藤清正と浅野幸長の二人が申付かつた。是れ丈けの城を築くのに東京には石が無いから諸大名は皆伊豆から買入れて伊豆石で城を築いた。其時《そのとき》に運送船が三千隻あつたと言はれて居る。さうして此《この》石垣が出来た、其中《そのなか》の加藤と浅野の持分が今申上げた桜田門の辺でありました。そこで加藤清正の方では森本儀太夫といふ非常な豪傑であるが此人が普請奉行となつた、さうしてどうするかと云ふと浅野の方はズンズン石垣の修築を盛んに始めたのに、加藤の方の森本儀太夫は悠然として一向何もしない。今と違って此辺《このへん》は元《も》と茅《かや》原であつたから其辺《そのへん》の茅《かや》や葦《あし》を切つてそれを振蒔《ふりま》いて、其辺《そのへん》に十か十三四の子供を呼んで来て、お前方此処《ここ》で遊べと云つた。其処《そこ》で十から十二三までの子供が集まって来て葦《あし》や茅《かや》を積んだ上で盛んに悪戯をして遊んで居る。一向石垣は出来ない。之に反して浅野の方はドンドン仕事を始めて日々石垣を積んで居る。処か《ところが》森本儀太夫は悠然と何にもせぬで打遣《うちや》つて置く、子供は葦《あし》や茅《かや》の上で相撲を取つたり飛び刎《は》ねて居る。それで世間の人が加藤の方の石垣は何だ、儀太夫は何だ、浅野家のはモウ出来たのに、痴呆《ちほう》者《もの》だ、馬鹿者だと云つて非常に嗤《わら》ひました。併《しか》し森本儀太夫は平然と構へて何もせぬ、子供を段々遊ばして居る、さうして浅野の方が稍《しょうしょう》々出来上る時分になつて子供の踏み付けた処をばモウ固まつたから宜しいと言つて仕事を始め、浅野の出来上るのが近づいてから漸《ようや》くこちらも石垣が出来た。間もなく非常な大雨が続いた。その時に浅野の造つた石垣といふものは下へさがつて散々な不体裁になつて了つた。然るに森本儀太夫のやつた方は少しも動かない、石垣が屹《きっ》として居る。茲《ここ》に於て初めて何《いず》れも森本はナカナカ偉い者だ、加藤は偉い者だといふ事になつた。そこで浅野の殿様は森本儀太夫を呼んでどう云ふ訳だと問うた、その答に貴君の方では地盤が固まらぬ処に斯《こ》う云ふ事をなすつて居るので駄目でございます、私は地盤を固めてからで無くちや斯《こ》う云ふ物を造つても駄目でございますから地盤を固める為にさうやつたといふので是には一言も無く非常に感心されたと云ふ事があります。

又斯《こ》う云ふ話が一つある。或時加藤清正が今の森本儀太夫、それから皆さんの知つて居る木村又蔵といふ豪傑を集めて色々の話の際に清正曰《いわ》く「己《おのれ》は考へるに義経の家来の武蔵坊弁慶と云ふ奴は実に忠臣で偉い奴だ、アヽ云ふ奴は迚《とて》も居らぬ」といふ事を申した、すると森本儀太夫がカラカラと打笑つて「さうではございませぬ、成程仰せられる如く昔は弁慶のやうなる豪傑は居りませなかつたか存じませぬが、唯今では弁慶のやうな豪傑は沢山居ります、唯憾《ただうら》むらくは義経のやうな明君の無いのが残念でございます」と曰《い》つた、面白い男でせう、さう云ふ話がある。

そこで私は考へる。例へば国を治むる、政治をするのでも、如何に賢明なる政友会が天下を取つて見ても、如何に憲政会に賢明なる者があつても国民が馬鹿では仕方が無い。国民が確つかりして居らなくちや不可《いか》ぬ。会社の如きも亦《また》然りと私は思ふ。今日《こんにち》は倉知君初め賢明なる当事者がありまして政治家は揃つて居る、けれ共其《その》国民、私が国民と云ふのは店員諸君の事を言ふ、将来若い者が仕事をする、此《この》青少年は三越の国民である、此《この》国民が確《し》つかりした人間にならなければ如何に倉知君其他の重役が知恵を揮《ふる》ひ経営しても駄目である。丁度今申上げた浅野のやうに地盤を固めず石垣を造れば直ぐに崩れた如くであるから、あなたがたは森本儀太夫が茅《かや》や葦《あし》を踏み付けたやうに地盤を固めなくちやならぬ。如何なる賢明な重役が居つても地盤がグヂヤグヂヤして居つては不可《いか》ぬ。それだから三越の国民は、私にしてもあなたがた青少年にしても皆確《し》つかりせねば、如何に賢明な重役でも此《この》三越三百年の基礎を固めて行くことは甚だ危ない。三越の繁栄衰微といふものは諸君の双肩に掛かつて居ると思ふ。考へて御覧なさい、三越は三百年でせう、三百年やつて来て是が仮に今何千人居るか、昔は店員も少なくて仮に三百人の人間が居つたとして、それが三百年間の三越を通算して見たらどの位の人間が居つたか、実は今日勘定しやうと思つたが遅くなつたので勘定する暇が無かつたが、店員諸君は勘定して御覧なさい、非常の大数になるでせう、それ丈けの人間が今日迄或《あるい》は店の為に死んだ人もあるだらう、病気になつた人もあるだらう、さうして三百年間持伝《もちつた》へた三越だ、唯々《ただただ》目前の事のみ考へて基礎を考へなかつたならば三百年間に死んだ人、三越を保護した人に死んでからどうして顔向けが出来ますか。

諸君がますます基礎を固くして行くと、今後三百年どころでは無い、千年も万年も行く。それであるから諸君は自分は子供である、階級が低いと云うて身を賤《いやし》くせんで確《し》つかり頭を固め、臍《ほぞ》を固めて三越の基礎を固くして貰ひたい。丁度今御目に懸けます千代田城に於て加藤清正、森本儀太夫の積んだ石で安全に城が崩れぬ。店員諸君方のは三百年どころか、まだまだモツと行けるだらう、今後何年続くか、又幾千幾万年か三越を持つて行くその人達に跡を譲つて行かねばならぬと云ふ心を以て堅実にやつて貰ひたい。それには御客に対し親切といふ事が一番大事、親切といふ事は口先ばかりの親切では不可《いか》ぬ、腹のどん底から出て命掛けの精神でなくちやいけませぬ。是《ここ》からは御客に対して、親切を盡して行くといふ事が、一番大事である。それだから将来此《この》石垣を御覧になりましたならば私の此髭面《このひげづら》が今夜十三年の奉公の結果「千代田城の石垣論」といふ題目を作つたと云ふことを忘れぬやうにして御覧になることを希望致します。

まだ色々申上げたうございますけれ共、今晩は私の魂の口移しを致すのでありますから何《ど》うも声も出さうでもないが、今私が三越万歳の音頭取りを致しますから、今私が申上げた事を腹へ入れてさうして店員諸君も口丈けぢや無い、腹のどん底から大なる声を出して貰ひたい、家が飛ぶか、咽喉がつぶれるかといふ丈けの大なる声を出して貰ひたい、三唱は致しませぬ、一唱致します。一度だけ万歳を唱へて下さい。

私は声に魂を吹込んで置きますから三越万歳と言ひましたら同時に店員諸君も一同声の有らん限り出して貰ひたい。

三越呉服店万歳　　［一同唱和］

（終）

附記　この講演は、「石垣の小石大石持ちあいて、御代はゆるがぬ松が枝の色」という自作の和歌を書きそえた日比翁助の「石垣の額」除幕贈呈式当夜のものです。

（大正十五年三月二十五日発行『三越講演集　第一輯』三越石垣会編刊より）

参考資料（第三部）

①「百貨店が復活する日　二一世紀日本流通市場論」松岡真宏著　日経ＢＰ社
②「大三越の歴史」小松徹三著　百貨店日日新聞社
③「三越講演集　第一輯」三越石垣会編刊
④「三越小僧読本」三越宣伝部
⑤「〝三越小僧読本〟の知恵」青野豊作著　講談社
⑥「明治百話」篠田鑛造著　角川選書
⑦「百貨店ものがたり」飛田健彦著　国書刊行会

あとがき

私は長年百貨店業にたずさわってまいりました。サラリーマン生活のすべてを伊勢丹百貨店で過ごし、伊勢丹社長小菅丹治氏（三代目）と、後に松屋百貨店と東武百貨店の社長になる伊勢丹常務・専務時代の山中鏆氏のそばに仕え、百貨店経営の何たるかを見守ってまいりました。

定年退職後は、日本経営理念史研究所を主催して百貨店の経営理念史を研究し、流通経済誌に連載するかたわら講演の場を得てまいりました。またその間に、国書刊行会から『百貨店ものがたり　先達の教えにみる商いの心』と『山本宗二の商人道語録　百貨店人のバイブル』を上梓いたしました。

その後、各誌の連載に明け暮れているうちに、近年とみに百貨店に関する入門書の類が少ないように感じるようになりました。そこで、職業として百貨店を目指す方の入門書として、また百貨店の新入社員教育のサブテキストにも使えるものになればと考えて、本書をまとめてみた次第です。

第一部は二〇〇三年に、中央区教育委員会が江戸開府四百年記念事業の一環として行った社会人対象短期講座「江戸東京文化」の後期プログラム「ファッション――現代ファッションを考える」の十一月二十日講座「銀座デパートの変遷と発展」において講演した内容に大幅に加筆したものです。一応、第一部だけで百貨店の話としては完結しているのですが、あまりにも話を簡略化し圧縮して進めてきたきらいがなくもないので、もう少し各時代のエピソードも加えたいと思い、第二部を付け加えました。

第二部の「伊藤次郎左衛門祐基」「大村彦太郎可全」「三井八郎兵衛高利」「下村彦右衛門正啓」「飯田新七」「伊原木茂兵衛」の話は、流通経済誌『2020AIM』に「歴史に見る商人道の系譜」と題して二〇〇一年から二〇〇三年にかけて連載したものの中からピックアップして加筆訂正したものです。「小林一三」と「山本宗二」の話は、一九九九年から二〇〇〇年にかけて、『百貨店「顧客満足」の温故知新』と題して百貨店業界誌『ストアーズ』に連載したものの中からピックアップしたものです。どちらも「顧客志向」の精神を特集した連載物でありましたので、第二部として本書に収めることによって、より第一部の話が理解しやすくなるのではないかと考えております。

第三部は、日本の百貨店が更《さら》なる百年の歴史を重ねていくために、ご参考になればと思ってご紹介したものです。

現在、百貨店は不況業種の中に入れられておりますが、全部が全部、業績が悪いわけではありません。正しい商道を合理的に実践している百貨店の将来は決して暗くはないのです。たしかに、ますます競争は激化し、淘汰されていく百貨店も出てくるとは思いますが、日本において百貨店という業種が消えるということは決してないでしょう。百貨店が伝統的に持つ「革新性」と「顧客志向」の精神の実践と発露に期待をこめて、今後の百貨店各社の動向を見守っていきたいと思います。

平成二十八年十月

飛田健彦

飛田健彦（ひだ・たけひこ）

1937年　千葉県松戸市に生まれる。
1960年　成蹊大学政治経済学部卒業。同年㈱伊勢丹入社、企画部広報文書係長、教育課長、秘書室広報文書課長、吉祥寺店次長、秘書室広報文書部長、浦和店外商部長、㈱イセタンモーターズ社長。
1997年　㈱伊勢丹退職。
現　在　日本経営理念史研究所所長。㈳日本販売士協会登録講師。
著　書　『百貨店ものがたり』、『山本宗二の商人道語録』、『山中鏆の商人道語録』、『帯の伊勢丹　模様の伊勢丹』（国書刊行会）

百《ひゃっ》貨《か》店《てん》とは

2016年12月15日　初版第一刷発行

著　者　飛《ひ》田《だ》健《たけ》彦《ひこ》

発行者　佐藤今朝夫

装幀　金子歩未（有限会社ハイヴ）

〒174-0056 東京都板橋区志村 1 -13-15
発行所　株式会社　国書刊行会
TEL.03(5970)7421(代表)　FAX.03(5970)7427
http://www.kokusho.co.jp

落丁本・乱丁本はお取替いたします。　印刷・㈱エーヴィスシステムズ　製本・㈱ブックアート
ISBN978-4-336-06107-2